반야심경 선해

일러두기

- 이 책의 원제는 성일 법사聖一法師의 『심경강기心經講記』이나, 역자는 성일 종사의 『반야심경 선해』라고 하였다. 첫째, 법사를 종사로 바꾼 것은 우리나라에서는 재가자在家者도 법사로 호칭하므로 이에 따른 혼동을 피하기 위해서이고 둘째는 도가道家의 『태상노군청정심경』 등과 송대의 진덕수眞德秀가 성현들의 심론을 모은 『심경』, 그리고 조선 명종 때 이굉중李宏仲 등이 펴낸 『심경강록』 등과 구별하기 위해서이다. 셋째, 선해禪解라고 한 것은 성일 종사가 전통 선종인 위앙종潙仰宗의 선사禪師였기 때문이다.
- 본 『심경강기』는 홍콩의 번체자였으나, 역자가 옮긴 것은 소주 한산사본蘇州 寒山寺本으로 간체자였다. 하지만 글을 옮길 때는 다시 번체자로 사용하였다.
- 본문에는 개념어와 주요어에 대한 각주가 없었으나, 역자는 초심자의 이해를 돕기 위해 사주를 달았다.
- 본문의 구어체는 현대중국어 문법에 따라 해석하였고, 표기는 우리 한자음에 따랐다. (예: 北京-북경)
- 본문은 제1장, 제2장, 제3장으로 나누었고, 본문 가운데 경문의 오·탈자와 절연截然은 역자가 정정·보완하면서 고문훈독古文訓讀에 따라 현토懸吐하였다.
- 본문의 서술은 성일 종사의 평소 언어 습관에 따라 경어체로 서술하였으며 역문은 가능한 한 한글을 사용하고자 했으나, 그 뜻을 명확히 전달하기 위해서는 부득이 한자를 사용하였다.
- 본문 및 역주에서 책명은 『 』, 논문은 「 」, 인용문은 " ", 주요어는 ' '로 표기하고 그 외는 관례에 따랐다.
- 역주의 *는 주의 주로서 세주細註이고, **는 세주의 주로 표기하였다.

般若

근대 중국 불교의 4대 고승 성일 종사의 3일 3강

반야심경 선해

성일 종사 지음 · 서재홍 역주

心經

담앤북스

성일 종사(聖一 宗師, 1922~2010)

성일 종사 행장간개 行狀簡介

성일 종사의 자字는 현기玄機이다. 청나라 멸망 이후, 임술년(1922년) 11월 13일 광동성 신회현 천호향 균화리江門市 李家庄에서 부친 광동 진陳 씨와 모친 임林 씨 사이의 3남 2녀 가운데 차남으로 태어났다. 부친이 조부의 미곡상을 가업으로 물려받아 종사의 유소년기는 아랫사람의 보살핌을 받을 정도로 유복하였다. 종사는 어릴 때부터 남다른 데가 있었다고 한다.

종사는 어릴 적 친구들이 귀뚜라미와 새를 잡아서 노는 것을 보고 자신의 돈으로 사서 하늘에 날려 보내고, 집안에서 닭백숙을 끓이는 것을 보고 울었다고 한다. 어느 날 병으로 부친과 함께 의생醫生을 찾아가는 길에 닭을 파는 것을 보고 "내가 오늘 너를 사서 놓아 주겠다."며 방생을 한 후 집으로 돌아오니 병색이 사라졌다고 한다. 또 섣달 그믐날 집안 식구들이 잉어를 잡아 제석상除夕床에 올리는 것을 알고 아무도 모르게 잉어를 강물에 놓아 주었다. 이러한 스님의 행적을 기이하게 여긴 집안 어른들은 "이 아이는 반드시 큰 인물이 될 것"이라고 예언하였다 한다.

그 후 19세 때 연화산 서축림으로 삭발 출가한 뒤, 찬석산 지연정원에서 위암韋菴 법사로부터 『사십이장경』과 『이산선사발원문』 등을 배우고, 22세 때 소관 남화사南華寺에서 허운 화상(虛雲和尙, 1839~1959)으로부터 구족계를 받았다. 이후 복인複仁 화상의 의발衣鉢 시중을 들고 있던 어느 날, 은사인 허운 화상이 중국의 내우외환으로 민생이 피폐해지고 불법이 쇠퇴해짐을 개탄하였다. 이때 성일 종사는 단호한 의지로 "그렇지 않습니다! 불법은 마음인데, 누가 마음을 멸할 수 있단 말입니까! 마음이 멸하지 않는데, 어찌 불법이 멸할 수 있겠습니까?[不會! 佛卽心, 誰能滅心! 心不能滅, 那又如何滅佛?]"라며 정법 수호에 한 치의 물러섬이 없었다.

1945년 성일 종사는 남화사를 떠나 광주 육용사六榕寺와 상해

옥불사玉佛寺를 거처 초산 정혜사正慧寺에서 정진하다 1948년 홍콩의 기원정실로 이주하였는데 여기서 홍콩불교의 관습과는 다른 강론을 폈다. 당시 홍콩에는 정토신앙淨土信仰이 크게 성행하여 선종 사찰에서는 사람의 그림자를 찾을 수 없었다. 이때 성일 종사는 전통선종의 교지를 진작시키기 위해 지당자地塘仔의 보림선사寶林禪寺에서 여러 선지식들과 함께 결사하여 용맹정진하였다.

1958년에는 운거사雲居寺에서 허운 화상의 허심노법虛心老法과 호리불차毫釐不差하여 청대淸代 이후 위앙종潙仰宗 제9대 전법종사로서 허운 화상의 자의가사紫衣袈裟를 전수받았다. 따라서 성일 종사는 당대唐代에 형성되었던 선종오가(禪宗五家, 위앙·조동·법상·임제·운문종) 중 유일하게 불조佛祖의 혜명慧命을 이어받았다. 그 후 1979년 중국의 종교정책이 완화되자, 중국 각지의 사찰을 내방하여 퇴락한 중국불교를 물심양면으로 지원함으로써 홍콩과 중국의 상호 교류에 큰 물꼬를 틔웠다.

1980년 7월, 마침내 중국불교협회의 일행이 처음 홍콩을 방문했을 때, 당시 보련선사 주지였던 혜명慧命 화상을 보필하여 "일곱 겹 보배로운 나무가 인연 따라 출현하니, 네 빛깔의 연꽃이 마음을 열었도다[七重寶樹隨緣現하니 四色蓮花稱意開로다]."라는 환영사로 홍콩과 중국의 30년 냉각기를 깨고, 사회 전반에 걸쳐 교류하게 되었다. 따라서 성일 종사는 현대 중국불교의 중흥과 개혁 개방을 이

끈 당사자이자 증인으로서 홍·중香中 양 지역에서 높이 평가되어 '호법금강護法金剛'이라는 법호를 받았다.

1983년 혜명 화상의 뒤를 이어 제5대 대서산 보련선사寶蓮禪寺 주지에 추대된 종사는 백장청규百丈淸規를 주창하여 모든 권속이 여름에는 안거송경安居誦經하고 겨울에는 타칠참선打七參禪하면서 춘경추수春耕秋收하고 출파종채出坡種菜하여 가람을 선종의 총림 규모로 증설하였다. 1990년 보련선사에서 물러난 종사는 『금강경』 독송으로 수선보림修禪寶林하다가 2010년 8월 3일 새벽, 사부대중의 염불 속에 세수 89세, 법랍 67재, 계납 67추로 입적하였다.

그는 평소 과묵하였으나 한마디의 말에도 어긋남이 없었고, 행주좌와 어묵동정行住坐臥 語默動靜은 한 시대의 선지식으로서 그 행장에 부족함이 없었다. 이와 같이 성일 종사는 평생을 선풍진작禪風振作과 도제양성徒弟養成에 진력하여 근대 중국불교의 4대 고승 가운데 한 사람으로 추앙되고 있다. 저서로는 『선칠개시禪七開示』를 비롯한 다수의 강론집을 남겼다.

역자의 말

역자가 『반야심경』에 관심을 갖게 된 것은 70년대 군 복무 중, 사문沙門이 된 친구를 따라 김해 신어산 모 암자의 가사불사袈裟佛事 회향법회 때였다. 당시 암주이자 이 법회의 회주였던 한산 화엄 (寒山華嚴, 1925~2001) 선사가 법상에서 사부대중에게 설했던 요지는 "경전상의 관자재보살觀自在菩薩을 자기 자신으로 확대하여 내가 관음보살의 화신이 돼 나를 폐목강심閉目降心으로 관조하게 되면 오온五蘊이 모두 비워져 있음을 알게 된다."는 것이었다. 이러한 인식론적 주관認識論的主觀에서는 세상의 모든 고통과 액난에서 벗어나게 되므로 "형색形色이 허공虛空과 다르지 않고 허공이 형색과 다르지 않으니, 색이 곧 공이요 공이 곧 색인 것이다[色不異空 空不異色 色卽是空 空卽是色].”라고 설명하였다.

그런 후, 인간의 본질과 존재의 실상은 본디 비었으므로 오근육식이 외부로부터 '받아들이고[受], 생각하고[想], 움직이고[行], 인식하는[識] 등의 모든 의식작용'도 이와 같으니, 이러한 텅 빔의 형상에서는 '나고 죽음도 없고, 더러움과 깨끗함, 늘어남과 줄어듦도 없다[不生不滅 不垢不淨 不增不減].'라고 하였다. 다시 말해 존재의 실상이 비었으므로 우주법계도 비었다는 아공·법공我空法空의 논리였다.

생로병사와 회자별리會者別離로 모든 인간이 슬픔과 괴로움에 고통받는 이 엄연한 현실 속에서 '존재의 실상과 우주법계가 비었고, 생멸과 미추·증감이 본래 없으므로 현상계現象界는 꿈과 같은 가상·가유假象假有라니…'. 그리고 붓다佛陀, Buddha의 49년 전법傳法은 이러한 가상적 존재들이 '낳고 낳는 이치[生生之理]'도 모른 채 낳고 낳는 인습因習에 합류하여 끝없이 반복하는 중생계를 어떻게 하면 그 이치를 깨닫게[常識的了解] 하여 고통에서 벗어나게 하느냐는 것이었다. 이 같은 붓다의 노파심에 항복기심降伏其心한 역자는 대중의 어깨너머로 법상 위의 선사 얼굴을 보려 하였으나, 법열法悅에 충만한 선사의 안광에 부딪혀 더 이상 고개를 들 수 없었다. 잠시 후, 선사는 주장자를 내리치면서 다음의 게송을 읊었다.

圓覺山中生一樹하니　開花天地未分前이라

　　　非靑非白亦非黑이니　不在春風不在天이라

그러면서 "이 자리에 참석한 대중은 이 도리를 알겠는가? 알아맞혀도 30대, 못 맞혀도 30대, 가만히 있어도 법봉 30대는 면치 못할 것이로다. 할喝―" 하고는 법상을 내려왔다. 역자는 이와 같은 거친 선가의식禪家儀式도 처음이려니와, 존재being와 인식cognition에 대해서도 좌고우면하고 있을 때였다. 그런데 선사의 『반야심경』설법과 게송은 본체와 현상까지도 뛰어넘은 형이상形而上 중의 상학上學으로서 체루비읍涕淚悲泣함을 감출 수 없었다. 이른바 초발심시변정각初發心時便正覺을 체험한 것이다.

존재[現象]와 인식[實相]에 대한 딜레마

이후 국내에서 발간된 『반야심경』의 주석서를 보았으나, 화엄 선사로부터 들은 역동적인 내용은 찾아보기 어려웠다. 주지하듯, 『반야심경』(이하 『심경』) 260자는 문장의 구조와 형식을 갖추는 어기·어조·발어·종결사 등 일체의 허사와 부사는 생략되고, 붓다의 심법心法에 부합하는 주·술어로만 구성되어 있다. 만약 붓다의 팔상도에 비유해서 말한다면, 설산수도상雪山修道相을 연상시키는 골격만 있을 뿐이다. 즉 여타의 경문처럼 붓다가 경을 설하게 된 동기[序分]나 본론[正宗分], 결론[流通分] 등이 생략된 채 당시 지혜제일존자였던 사리불舍利弗에게 일방적으로 설명한 것이다.

그 뒤 역자는 군 복무를 마치고 화엄 선사 문하의 말석에서 『치문』『육조단경』 등과 강원의 사집 과정인 『서장』『선요』와 『금강경오가해』『정토삼부경』 등 대승경전을 익힌 후에야 비로소 『심경』의 기승전결과 대강을 가늠할 수 있었다. 예컨대 '팔만장경'이 사람의 전신이라고 가정한다면 『금강경』은 머리 부분에 해당되고 『심경』은 두 눈에 해당되는 불교의 핵심 가운데 핵심 경문이었다.

하지만 붓다가 『심경』과 『금강경』 등 여러 대승경전에서 한결같이 강조하는 것은, 이 현상계가 꿈과 같고, 환상과 물거품과 같고, 이슬과 같으며, 또한 번갯불과 같은 '가상세계'라는 것이 역자의 딜레마였다. 다시 말해 생로병사에 따른 희로애락과 생존하기 위해 분초分秒를 다투는 현실에서 도가道家의 유무상생有無相生이라면 모를까, 모든 것이 물거품과 같은 환상이라고 인정하기에는 '목엣가시'와 같았다. 하지만 당시 역자는 이 현상계가 환상과 그림자[幻影]와 같다는 것을 인정할 수도, 부정할 수도 없었다. 만일 인정하게 되면 역자가 그동안 알고 있던 '존재의 가치'가 무너지게 되고,

부정하게 되면 '나는 어디서 왔는가?'라는 물음은 물론 생생지리生
生之理에 대한 답을 찾을 수 없기 때문이었다. 이러한 반신반의 속
에 1979년, 역자는 본의 아니게 대한불교청소년교화연합회 부산
지부 초대 사무국장의 소임을 맡아 당시 23개 고교불교학생회 임
원들로 구성된 동·하계 합동수련회의 인솔자가 되면서 외람되게도
『심경』을 강의하였다. 그것도 6년 동안.

그 후, 가솔家率의 책임자로서 학생회 소임을 그만두고 언론사
와 산간별서山間別墅 등에 머물다가, 1993년 12월 북경중의대학北京
中醫大學 국제배훈부國際培訓部에 입학하여 중의학 한어 코스를 밟
게 되었다. 그때 정규수업 후 중국인 본과생인 범范 씨로부터 보충
수업을 받았는데, 역자가 호신경으로 지니고 있던 『금강경』을 보고
건네준 소책자[袖珍本] 한 권이 바로 『심경강기』였다.
이 책은 홍콩의 성일 종사(1922~2010)가 세수 70세 되던 1992년 5
월 홍콩 구룡문화센터九龍文化中心에서 사부대중에게 『반야심경』을
강설한 것으로, 그 제자인 연륜衍輪 법사가 기록한 것을 2년 후 소
주 한산사蘇州 寒山寺에서 간체자로 펴낸 책이었다. 그때 축역逐譯
으로 읽은 강론의 요지는 "오근육식五根六識은 동물도 지니고 있지
만, 이 오근육식에 끌려 마음을 등지고 바깥 경계[背心取境]에만 치
우치게 되면 인면수심人面獸心이 되는 반면, 외경을 등지고 자성自性

을 찾아 심반야[背境觀心]를 행하면 성인군자聖人君子가 된다."는 것이었다. 따라서 "인간의 본성을 찾아 그 당체當體를 확인하려는 자는 제7말라식과 제8아뢰야식, 제9아마라식을 지나 제10지 보살의 경지에 이르러야 비로소 육도윤회에서 벗어난다."라고 하였다.

이러한 『심경』은 달마(達摩, ?~536) 대사 이후 교종敎宗보다 선종(禪宗: 위앙·조동·법랑·임제·운문종)과 밀종(密宗: 진언·진각·총지종)에서 높이 받들어졌다. 따라서 '선학의 황금시대'를 열었던 혜능(慧能, 638~713)·마조(馬祖, 709~788)·덕산(德山, 782~865) 등 당나라 선사들의 기행이적奇行異蹟과 언변하오言辨下悟를 곁들인 종사의 강론은 신선한 차茶를 우려내 마신 것처럼 자미선상滋味鮮爽하여 예전의 감회에 젖게 하였다.

머묾 없는 머묾의 깨침

이 가운데 역자의 관심을 끈 것은 달마 내사가 말한 "내가 찾으려는 마음은 본디부터 스스로 지니고 있는 '마음'이지, 알아차려 미리 대비하고 있는 '마음'을 찾으려는 것이 아니다[我本求心心自持인댄 求心不得待心知]라."라는 대목이었다. 즉, 오랜 습인습과習因習果에 의한 색심色心이 교묘하게 본심本心을 가장하는 것이다. 따라서 여기서 말하는 '본디의 마음'이란 장자莊子가 『제물론』에서 말한 "무릇 본디 있는 마음을 따라 스승을 삼는다면, 어느 누군들 스승 아님이 있겠는가! 어찌 반드시 고칠 것을 알아 마음 스스로 선택하는 것에만 스승이 있다 하겠는가! 어리석은 자라도 스승은 지니고 있는 것이다[夫隨其成心而師之이면 誰獨且無師乎아 奚必知代하야 而心自敢者有之이니 愚者與有焉이라]."라고 한 것과 상통하였다.

하지만 『심경』의 핵심이자 팔만장경의 요지는 "색이 공과 다르지 않고, 공이 색과 다르지 않으므로 색이 곧 공이요, 공이 곧 색이다[色不異空 空不異色 色卽是空 空卽是色]."라는 16자이다. 이 16자는 북인도의 구마라즙(鳩摩羅什, 344~413)이 요진姚秦의 부견왕符堅王에게 잡혀와 한어漢語를 익힌 후 처음 번역한 글로서 누구나 암송하고 있는 구절이지만, 과문컨대 어느 선지식도 쉽게 풀어서 대중에게 제시한 적이 없었다. 이것을 종사는 "색과 공이 둘이 아니라 색이 곧 공이요 공이 곧 색이라 한 것은, 색이 공으로부터 생겨났기 때문에 색 그 자체가 공인 것이다."라고 설명하였다. 즉 "색의 본성이 공이라는 것은 색이 멸하여 공이 되는 것이 아니라 마치 물에 비친 달[月色]과 같아서 물에 비친 달은 그 자체가 바로 공한 것이지, 물속의 달이 사라져서 공이 되는 것이 아니므로 색즉시공이다."라고 하였다. 또 물속에는 달이 없으나, 하나의 달이 떠올라 비치게 되니 이것을 일컬어 '공즉시색'이라는 것이다. 다시 말해 "공의 성품에서 일체의 형색[物質]이 나오고 일체의 형색은 다시 공으로 돌아가게 되므로, 천당도 공이요 지옥도 공이며 빈부고락과 윤회도 공이니 '색즉시공色卽是空이 공즉시색空卽是色'이다."라고 풀이하였다.

이러한 마음의 인식작용[法]을 원효(元曉, 617~686) 스님은 "법은 스스로 공할 뿐 색을 멸한 것이 아니며, 사람의 일이(존재론적으로) 전혀 없는 것이라고 할 수 없으므로 이름하여 공이라 한다[但法自空非色滅이오 非無人故名曰空이라]."라고 하였다.

또한 종사는 『금강경』 제4 「묘행무주분」과 제5 「여리실견분」을 인용하여 본디의 마음자리를 찾아 지니기 위해서는 "머묾 없는 머묾의 깨침[覺住无住]"을 강조하였다. 다시 말해 "내가 미혹할 때는 머묾이 있고, 깨달았을 때는 없다."라고 하여 '각주무주覺住无住'를 수행의 제일덕목으로 강조하였다. 그러면서 "무릇 세상에 드러나 있는 상相은 모두 허망한 것이니, 만약 모든 상이 상 아님을 보게 되면 여래를 보는 것이다."라고 한 것이다. 이는 '하늘이 하늘 아니고 땅이 땅 아니며, 산이 산 아니고 물이 물 아닌 것을 알아야 한다.'는 것과 같은 뜻이다. 즉 하늘과 땅, 산과 물 등 만사만물萬事萬物이 허공 속의 공상空相이므로, 허공 안에 있는 만물이라는 것도 공상에 지나지 않고, 또한 너와 나라는 번뇌도 모두 공상일 뿐이라는 것이다. 그래서 운문(雲門, ?~949) 선사도 "무엇이 부처입니까?[如何是佛]"라는 제자의 질문에 "마른 똥 말뚝[乾屎橛]"이라고 일축하였다. 이렇듯 모든 법은 가상적 이름일 뿐이요, 모든 실상 또한 공상이므로 만약 이러한 이름과 형상에 속지 않는다면 형상 그대로가 바로 실상이요 또한 공상임을 알게 되는 것이다.

혜능의 '깃발론'과 야부의 실상

이 같은 '깨침의 실상'은 혜능慧能이 5조 홍인(弘忍, 602~675)의 법을 전수받고 '회懷 자 고을에선 머물고, 회會 자 마을에선 숨어라.'라고 한 밀부에 따라 광주 법성사에 이르렀을 때였다. 이때 혜능이 "바람이 움직이는 것도 아니요 깃발이 움직이는 것도 아닌 그대들의 마음이 움직이는 것이다[不是風動이오 不是幡動이며 仁者心動이라]."라고 한 인식론과, 붓다가 『금강경』 제18분에서 "과거의 마음도 얻을 수 없고 현재의 마음도 얻을 수 없으며 미래의 마음도 얻을 수 없다[過去心不可得이오 現在心不可得이며 未來心不可得이라]."고 설한 것도 '마땅히 머문 바 없는 그 마음의 일으킴[應無所住 而生其心]'과 같은 맥락이었다.

다시 말해 마음이란, 우주만유의 근원으로 인간과 사물의 관계에서 시·공간을 벗어난 그 당체當體이다. 이러한 마음을 유가儒家에서는 존재론적存在論的으로 가시화하였고, 불가佛家에서는 인식론적認識論的으로 내면화하였다.

이와 같이 존재의 본질에 대해 끊임없이 통찰하고 천착하면, 야부도천(冶父道川, ?~1130) 선사가 말한 "산은 산이요 물은 물인데, 부처가 어디 있는가![山是山이오 水是水인댄 佛在甚麼處잇고]"라는 대긍정의 현상계가 펼쳐지게 된다. 즉 유상有相이면 유상, 무상無相이면 무상, 항상恒常이면 항상 그대로를 인정하게 되면 '천지보다 먼저 생겼으되 시작이 없고, 만유보다 뒤에 생겼으되 마침이 없는' 그 실상을 깨달아 내 안의 진아眞我를 보게 되는 것이다. 그러므로『대학』「정심장」에서 말한 '정심正心'도 희로애락을 겪은 뒤에야 알 수 있듯,『화엄경』의 '일체유심조一切唯心造'와 남전(南泉, 748~834) 선사의 '평상심시도平常心是道'도 가상과 실상을 인식하여 몸소 체험해야만 깨닫게 되는 것이다. 따라서 육신의 오고 감은 있으나 '머문 바 없는 그 마음'은 과거·현재·미래가 없고 생멸왕래도 없으므로 역자가 그동안 찾아 헤맸던 생래하처生來何處와 생생지리生生之理는 따로 찾을 일이 없었다.

그렇다면 붓다가『심경』에서 말한 요지는 무엇인가? 비로 인식을 바꿔 외경外境에서 벗어나 자기자신에게 집중하라는 것이다. 즉 모든 행과 불행의 원인은 외경에 의한 상대에 있는 것이 아니라 내 안의 욕망과 어리석음의 의한 것이므로 발상을 전환하여 '참나[眞我]'를 찾기 위해 발심하는 것이다.

그러나 살아가면서(혹은 살려지면서) 생각대로 이뤄지지 않는 것이 세상사이지만, 평소의 언어습관조차 바꾸기 어려운 터에 생사열반生死涅槃에 대한 인식을 바꾼다는 것은 하늘이 두 쪽 날 만큼 어렵다. 하지만 이성적 사고가 결여되면 내적 자질內的資質의 결함으로 인격장애를 드러내 주변으로부터 소외되기 마련이다. 따라서 생각이 바뀌지 않으면 '나'라는 아상我相과 '내 것'이라는 아소집我所執으로 현상의 고통에서 헤어나기 어려운 것이다. 이 같은 아상과 아소집이 보여 주기식 연출이 횡행하는 세간법에선 나를 지탱하는 자존自尊이 될 수 있겠지만, 출세간법에서는 나를 망치는 병통이 된다. 그러므로 이 병통을 스스로 뜯어고쳐[革凡成聖] 한 푼의 가치도 없는 허상을 무너뜨려야 비로소 자성自性을 볼 수 있다.

예컨대 '나'라고 하는 존재는 수많은 생명의 나고 죽음에서 나뭇가지에 매달린 한갓 낙엽에 지나지 않고, 큰 바다에 일어났다 가라앉는 파도나 좁쌀 한 톨[滄海一粟]에 지나지 않는다. 즉 세상에 존재하는 것은 모두 쇠퇴하여 사라지기[쇠] 마련이다. 그러나 '하늘은 땅을 짝지어 춘하추동으로 어김없이 변하여 형통할 것[配天地四時變通]'이고, 젊은 남녀는 그들의 관계에 따라 웃고 울 것이며, 세상은 개인과 집단의 이익을 위한 힘겨루기로 빈부와 신분의 차별은 좁혀지지 않는다. 그렇다면 인간존엄의 가장 보편적 가치인 자유와 평등은 책 속에만 남아 '책은 책대로, 나는 나대로[書自書 我自我]'가

되고 말 것인가! 그렇지 않다. 눈앞의 현상은 현상대로 인정하되, 그 현상이 실체가 없는 공상임을 일찍 깨달아 인식하게 되면, 낙이불음樂而不淫하고 애이불비哀而不悲하며 한서부종寒暑不從하여 늙고 병들어 죽음에 이르더라도 담담하게 맞이할 수 있다. 따라서 반야지般若智를 아는 자, 명징적정明澄寂靜하되 꿀 먹은 벙어리처럼 은인자중隱忍自重할 것이요, 반야지를 모르거나 외면하는 자, 희로애락의 굴레에서 벗어날 수 없는 것이다.

 이와 같이 성일 종사는 『심경』 260자를 『금강경』과 『육조단경』 등 여러 경문을 통해 청중이 미처 질문하지 못한 심층심리의 의식작용意識作用까지도 자문자답하면서 안내하였다. 이를 위해 종사는 제1장에서부터 제3장에 이르기까지 대중이 경문의 함의를 쉽게 이해할 수 있도록 비유와 은유를 구사하여 마치 '어머니가 아이에게 밥상을 차려 떠먹여 주듯'이 자상하게 설명하였다.

 따라서 역자는 경전 중의 경전이요, 상학上學 중의 상학인 『심경강기』를 우리말로 번역하여 삶의 더께로부터 고통받고 있는 사람들이 조금이나마 여유를 찾을 수 있도록 원願을 세웠다. 하지만 이러구러 미루다 2016년 10월이 되어서야 비로소 계찰괘검季札掛劍의 심정으로 매달린 끝에 초고 번역을 끝냈다. 그런 뒤 2017년 정유년 신춘에 개념어에 대한 각주를 달고 직역과 의역을 반복하면서 주·술을 다듬었다.

사변思辨

돌이켜 보건대 이 책은 역자가 불문에 입문한 지 40여 년이 되었고 성일 종사가 『심경강기』를 발간한 지 20여 년이 지났으나 우리나라에서는 아직 번역되지 않은 것으로 보인다. 그래서 번역하기 전에 성일 종사의 행장을 알아보았으나, 종사는 이미 2010년에 입적하였다. 『심경강기』가 발간될 당시는 중국의 등소평이 영국의 마거릿 대처와의 회담에서 영국령이었던 홍콩을 '1997년 7월 1일 0시 중국으로 반환한다.'(1984.12.19 BBC. SCMP)라고 발표하여 홍콩의 정정政情이 매우 어두워지기 시작한 때였다. 그리고 중국은 개혁개방 이후, 중국정부가 과거 인민해방과 문화혁명 와중에 추방했던 승려들을 중원中原 각처의 전통사찰에 복귀시키고 나머지는 국가장려승으로 충당하고 있을 때여서 『심경강기』는 아마도 중국불교의 중흥을 위해 여러 사찰에서 간경보급刊經普及한 것으로 추정된다.

흔히 '동양학은 해석학의 연속'이라고 말한다. 동양학만 그러한가! 20세기 영국의 철학자이자 수학자인 화이트헤드(Alfred North Whitehead, 1861~1947)는 '서양철학은 모두 플라톤의 각주에 불과하다.'고 하였다. 요컨대 유가의 경우, 공자孔子가 주공周公이 정리한 선왕先王들의 덕치주의와 민본사상을 집대성하여 선진先秦시대 유가사상의 비조鼻祖가 되었다면, 송조육현宋朝六賢은 신유학[性理

學]으로 제2해석학의 전통을 이었다. 이러한 전통은 1986년 하버드 대학교 두유명杜維明 교수의 「유학적 인본주의의 제3기원을 향하여 Towards a Third Epoch of Confucian Humanism」가 방증한다. 이와 같은 해석학은 첫째, 유·불·도 삼가 사상이 모두 천인합일天人合一과 범아일여梵我一如로 그 일원성一圓性에 따른 도덕과 본성에 바탕을 두었으며, 둘째는 중·근고시대의 단·복음사單·複音辭가 시대에 따라 가차·변이假借變異되어 재해석이 불가피했기 때문이다. 또한 이 같은 재해석에 따른 교착交錯과 주착做錯으로 원시반본(原始反本: 당송의 복고주의와 정조의 문체반정)한 것도 그 맥락을 같이한다. 따라서 불가의 『반야심경』을 비롯한 제반 경전의 재해석도 그 궤를 같이해야 할 것이다.

예컨대 고금의 많은 사람들이 노년에 이르게 되면 '인간'과 '자연'에 대해 사유하게 된다. 그것은 노루가 산마루를 넘기 전에 지나온 길을 되돌아보듯, 인간도 우주 자연과의 관계에서 남이 보지 못하는 자신과 마주[愼獨]하며 본성에 대해 성찰하는 것이다. 최근 노엄 촘스키가 펴낸 『인간이란 어떤 존재인가?』에서 '인간이란 무엇인가' '인간의 이해력 한계는 얼마만큼인가'라는 문제 제기도 결국 '인간'과 '본성'에 대한 물음으로 귀착된다.

하지만 형이상학이 해체되고, 자본과 기술·정보를 우선한 나머지 '힘이 곧 정의'가 된 우리 사회의 경알성傾軋性과 갈료화獦獠化를 탓

하는 것은 때늦은 소리인지도 모른다. 그러나 우주·자연에 바탕한 동양의 '도덕적 본성'도 지키지 못하고, 개인의 자유가 만인의 자유를 보장하고자 하는 서구의 '사회적 규범'도 뿌리내리지 못한 채 합병증까지 앓고 있는 우리에게 붓다가 『심경』에서 제시하는 인식론적 '깨침'은 희론戲論인가, 구원인가?

　원효 스님은 『무량수경종요』에서 "앉은뱅이가 뱃사공과 순풍을 만나면 한나절에 수천 리를 가고, 눈먼 장님도 설법을 마치면 모두 제 집을 찾아간다[蹩人逢舟數千里이오 盲人說衆終歸家라]."고 하였다. 즉 신라 사람들은 '나 혼자 이룰 수 없는 영역도 선지식과 대중의 원력이 모아지면 이루지 못할 바가 없다'는 믿음[信]으로 사회통합과 통일대업을 이룰 수 있었다. 바라건대, 『심경』의 요지가 무엇인가를 알고자 하는 사람이라면 우리 시대 선지식이었던 성일 종사의 『반야심경 선해』로 나와 국가 사회, 그리고 시간과 공간에서 '안심입명安心立命'의 자유인이 되기를 빌어 마지않는다.

　　　　　　　　　　　　　　　　　　　　불기 2561(2017)년 연등절
　　　　　　　　　　　　　　　　　　　　서 재 홍徐在鴻 사룀

차 례

성일 종사 행장간개 _ 5
역자의 말 _ 9

제1장 해제 [서분] _ 27
제2장 본론 [정종분] _ 71
제3장 결론 [유통분] _ 113

마하반야바라밀다심경 _ 142
성일 종사 행장간개 원문 _ 144
참고문헌 _ 151
추천도서와 홈페이지 _ 155
역자에 대하여 _ 169

제1장

해제

서분

1992년 5월, 홍콩 구룡문화센터에서
연륜이 삼가 스승의 강설을 기록하다.

여러 선지식¹ 과 제방의 대덕승, 그리고 재가신도 여러분! 오늘은 '보련선사'에서 주최한 삼 일 밤 연이은 간경법회看經法會의 첫날입니다. 이번에 강의할 경문은 여러분이 잘 알다시피 가장 널리 알려져

---

1 선지식善知識, Kalyāṇamitra은 정직하고 유덕한 사람으로 붓다가 설한 교법을 여러 사람들에게 전하여 고통에서 벗어나 정각평등지혜[阿耨多羅三藐三菩提]로 이끄는 사람을 말한다. 이들은 남보다 먼저 수행한 사람으로 남녀·노소·귀천을 가리지 않고 모든 사람이 붓다의 깨달음에 이를 수 있도록 '원願'을 세운 대승불교의 선각자先覺者이자 뛰어난 수행자를 말한다. ↔ 악지식惡知識

있고, 또한 많은 사람들이 외우고 있는 『반야바라밀다심경』[2] 입니다. 이를 줄여서 『심경』이라 합니다.

중생도 마음이요, 성불도 마음이다

요컨대 이 '마음'을 가리키는 '심心'[3] 자는 매우 중요합니다. 성불

---

[2] 『반야바라밀다심경般若波羅蜜多心經』은 줄여서 『반야심경』 내지 『심경』이라고도 하며 중국 당唐 현장(玄奬, 622~664)이 번역하였다. 범어의 음역으로 반야般若, Prajñā는 '지혜'이고, 바라밀다波羅蜜多, Pāramitā는 '저 언덕으로 건너간다'는 뜻이다. 심心은 본심·골자·핵심·본질의 뜻이고, 경經은 성인이 설한 불변의 진리를 기록한 책을 말한다. 이 경은 『대반야경大般若經』의 정요精要를 뽑아 모은 것으로, 제일 먼저 번역한 사람은 삼국시대 오吳나라 지겸支謙이며 그의 『마하반야바라밀주경摩訶般若波羅蜜咒經』은 소실되어 전하지 않는다. 그리고 위진남북조시대의 구마라즙(鳩摩羅什, 344~413)이 번역한 판본은 『마하반야바라밀대명주경摩訶般若波羅蜜大明咒經』이라 하며, 당의 보리유지菩提流支가 번역한 『반야바라밀다나제경』 등 21종의 번역본이 있다. 하지만 『심경』이라는 명칭을 처음으로 붙여 사용한 사람은 현장 법사이다.

[3] 심心의 사전적 의미는 다음과 같다. '세운 마음'의 뜻으로 입심변立↑邊이 들어간 글자는 '성性' '정情' '분憤' 등 500여 자이고, '누운 마음'의 뜻으로 와심변臥心邊이 들어간 글자는 '의意' '사思' '자慈' 등 200여 자이다. 그리고 '밑 마음'의 뜻으로 저심변底↑邊이 들어간 글자는 '첨添' '공恭' '모慕' 등 5자가 있고, '감춘 마음'의 뜻으로 협심挾心이 들어간 글자는 '애愛' '경慶' '녕寧' 등 5자이다. 그리고 입심과 와심,

도 마음이고 중생도 마음이며, 천당도 마음이고 지옥도 마음입니다. 그래서 『대방광불화엄경』에서 이르기를 "만약 사람이 삼세제불의 깨우침을 알고자 한다면, 마땅히 법계의 성품을 들여다보아 삼라만상은 오직 마음이 만든 것임을 알아야 한다[若人欲了知인면 三世一切佛인댄 應觀法界性하야 一切唯心造인제]."라고 하였습니다.

다시 말해 홍콩이라는 것도 복덕 있는 사람들의 마음이 만든 것이며, 또 조국의 금수산하錦繡山河도 착한 군자의 마음으로 만들어진 것입니다. 나아가 우리들의 이 사바세계도 사바중생들의 중생심으로 만들어진 것이며, 극락세계 또한 아미타불과 청정한 민중들의 청정심으로 만들어진 것입니다.

저심이 중첩된 글자는 '감憾' '억憶' '총憁' '첨憸' 등 15자이다. 이같이 '마음'을 동사형 형용사와 자동사, 명사로 쓰고 있는 글자는 총 730여 자이다. 하지만 '마음'은 형체가 없으므로 손에 쥘 수 없고, 눈으로 볼 수 없으며, 냄새 맡을 수도 없다. 또한 좁게는 바늘 하나 꽂을 수 없고, 넓게는 광대무변하다. 따라서 유·불·도 삼가에서 말하는 '도道'는 이같은 마음의 변화와 삭용을 살펴 경험본적으로 분석하여 제시하였다. 마음의 일반적 의미로는 다음과 같다. ①마음 심: 지知·정情·의意의 본체로서 의식과 정신을 말한다(예: 人心惟危 道心惟微 『尙書·大禹謀』). 생각·마음씨(예: 心術, 人心不同, 如其而焉 『左傳』). ②염통 심: 오장의 하나(心臟, 心者五臟之專精也 『素問』). ③핵심 심: 반야심경(예: 系集大般若經六百卷之精要,『辭源·心部』) 등 이와 같은 '마음'을 유가에서는 존재론적으로 가시화하였고, 불가에서는 인식론적으로 내면화하여 동양인의 사유세계에 명제로 자리 잡아 왔다. (역자 주)

그러나 많은 사람들이 아직도 이러한 마음을 제대로 알지 못한 채, 이 마음의 끄달림에 이끌려 평생을 살아가고 있습니다. 그래서 헤아릴 수 없는 희로애락의 고통 속에 끝없는 '중생놀음'으로 생사윤회를 거듭하게 되는 것입니다. 하지만 이 마음은 오직 제불보살만이 밝힐 수 있으며, 이 마음을 원만구족하게 훤히 밝혔을 때는 '부처'라 하고, 이 마음을 조금씩 조금씩 밝혀 나갈 때를 '보살'[4]이라 합니다. 즉 '보살은 부처의 종자'이고, '부처는 보살의 열매'이기 때문에, 이 부처의 종자와 열매는 밝은 마음과 떨어질 수 없는 것입니다.

그러므로 만약 여러분이 이 마음을 밝히지 못한다면 부처의 종자는 여러분의 것이 될 수 없고, 부처의 열매 또한 여러분의 것이 되지 못합니다. 따라서 불교를 공부하는 사람에게는 반드시 한 가지 조건이 있습니다. 그것은 제불여래가 이와 같이 행하여 왔으니 우

---

4 보리살타菩提薩埵, Bodhisattva는 음역으로 줄여서 보살이라 하며, 보리색다菩提索多 또는 모지살항박冒地薩恒縛이라고도 한다. 불과를 증득하기 위해 수행하는 사람, 또는 대승에 귀의하여 중생 구제의 서원을 세워 '상구보리 하화중생上求菩提 下化衆生'으로 오랜 세월 자리이타행自利利他行을 실천하는 사람을 가리킨다. 이와 같이 51위位의 수행단계를 거쳐 불과를 증득하고, 성불하는 것을 목적으로 하여 대승사상을 실천하는 출·재가出在家의 모든 사람을 '보살'이라 한다.

리 역시 이렇게 행하는 것이 마땅하며, 제불여래가 이와 같이 닦아 왔으니 우리 역시 이렇게 닦아야 한다는 것입니다. 그렇다면 어떻게 수행해야 하는가? 바로 이 '마음'을 밝히는 것 아니겠습니까!

『대승기신론』[5] 제2 「정종분」 '심생멸문心生滅門'에서는 마음에 있는 네 가지 모습을 생·주·이·멸(生·住·離·滅)이라고 하였습니다.[6] 그런데 범부는 이 네 가지 모습 가운데 단지 멸상滅相에만 집착한

---

5 『대승기신론大乘起信論』은 대승불교의 개요서로서 마명(馬鳴 Aśvaghosa) 저, 진제(眞諦, 499~569) 역으로 전한다. 이 책은 「서분」 「정종분」 「유통분」으로 서술되어 「서분」은 '귀경송歸敬頌', 「유통분」은 '회향송廻向頌', 「정종분」이 본론으로서 '인연분因緣分' '입의분立義分' '해석분解釋分' '수행신심분修行信心分' '근수이익분勸修利益分' 등 5분으로 나눈다. 이 책은 '진여에 들어갔다 하더라도 정정취正定聚에 들지 못한 중생에게 어떻게 믿음을 일으켜 불퇴전의 보리심에 머물게 하는가.'라는 원력을 주제로 한 것이다. '수행신심분'은 오직 그 자체의 교설로 이뤄져 있으며, 수행의 다섯 문은 네 가지 믿음四信을 성취하기 위한 것으로『대승기신론』이라는 제명이 바로 여기에 있다. 즉 중생의 믿음을 크게 일으키는 한편, 그 마음의 일으킴은 믿음에 따라 논한다는 것이다.

6 사상四相이란, 마음의 네 가지 모습인 생상生相·수상住相·이상異相·멸상滅相으로 우주만유의 모든 현상이 생멸변이生滅變異하는 것을 분류한 것이다. 즉 '생상'은 만유가 생성하는 것이고, '주상'은 만유가 유지·존속하는 것이며, '이상'은 만유가 변화하여 달라지는 것이고, '멸상'은 만유가 없어지는 것을 말한다. 예컨대 물로 비유하면 본체[眞如]이고, 파도로 비유하면 현상[生滅]이다. 즉 물로 볼 때는 불생불멸이나 파도로 볼 때는 생멸하는 것으로, 생멸이 있는 것은 차별이 있다는 것이다.

나머지 마음이 멸하여 없어진 것을 밝음이라 생각합니다. 하지만 그것은 밝은 마음이 아닙니다. 마음이 달아나 없어져 이미 존재하지 않는데, 어떻게 마음을 밝힐 수 있단 말입니까! 이른바 소 잃고 외양간 고치는 격으로 도둑은 이미 도망가 버렸는데, 경찰이 온들 아무 소용이 없는 것과 같습니다. 그래서 범부는 깨달았다고 말하지 않습니다. 왜냐하면 마음이 멸하여 없어져 버렸는데, 깨달았다고 한들 무슨 소용이 있겠습니까?

보살의 '머묾 없는 머묾'과 생주이멸

무엇을 '멸상滅相'이라 할까요? 이를테면 내가 방금 망령된 생각[妄想]을 하나 일으켰는데, 이 망상이 일어날 그때는 자기가 망상에 드는 것을 모르고 있다가 망상에 완전히 빠지게 되면 비로소 망상에 빠졌다는 것을 깨닫게[覺] 됩니다. 그렇다면 이 망상이라는 것은 어디에 있는 것일까요? 여러분은 망상의 실체를 잡아 본 적이 있습니까, 없습니까? 멸하여 없어져 버린 것 아닌지요! 그러므로 범부가 멸상을 깨달았다고 하여, 그것을 깨달음[覺]이라고 말하지 않습니다.[7] 또 만약 나쁜 생각이 하나 일어난다면, 여러분은 이 나쁜 생각을 알아차릴 수 있겠습니까? 멸하여 없어진 뒤에 비로소 깨닫게 된다면, 멸하기 이전에는 알지 못하는 것입니다. 따라서 없어져 버린 다음에 깨닫는 것은 깨달음이라 하지 않습니다. 이렇듯 범부는 자기의 마음을 조금도 알지 못하고, 멸하여 없어진 다음에 비로소 '내가 알지 못했다.'라는 것을 깨닫게 되는 것입니다.

그러면 '이상異相'은 또 무엇인가요? 다르다는 것[異]을 알게 되면, 다름이 없는 것[无異]입니다. 마음의 서로 다른 모습[異相]을 한 번 깨달으면, 이 다르다는 것이 텅 비워져[초] 없어지는 것입니다. 이것을 '다름을 깨달아 다름이 없다[覺異无異].'라고 합니다. 예컨대 사

---

[7] 성일 종사가 '멸상을 알았다는 것은 깨달음이라 하지 않는다.'라고 한 이 대목은 붓다가 『금강경』 제31 「지견불생분知見不生分」에서 "수보리여! 만약 어떤 사람이 내가 '아견·인견·중생견·수자견을 말했다'고 한다면 그대 생각은 어떠한가, 그 사람은 나의 말한 바를 알았다고 하겠는가?" "아닙니다. 세존이시여! 그 사람은 세존이 설한 뜻을 모릅니다. 왜냐하면 세존께서 말씀하신 아견·인견·중생견·수자견은 아견·인견·중생견·수자견이 아니옵고, 이름이 아견·인견·중생견·수자견입니다[須菩提 若人 言佛說我見人見衆生見壽者見 須菩提 於意云何 是人解我所說義不 不也世尊 是人不解如來所說義 何以故 世尊說我見人見衆生見壽者見 卽非我見人見衆生見壽者見 是名我見人見衆生見壽者見]."라고 한 말과 통한다. 이것은 '마음'을 알음알이[思量]나 분별심조차 없이 보아야 비로소 반야지를 알게 되는 것으로, 멸한 바를 알고 깨달았다고 하는 소견을 경계한 것이다. (역자 주)

람이 꿈을 꿀 때 이것이 꿈인가 생시인가 착각을 일으키는데, 이때 착각이라는 것을 알게 되면 그 착각은 없어져 버리는 것입니다.

이승인[8] 이 마음의 서로 다른 모습인 이상異相을 깨닫게 되면, 그 다르다는 것이 바로 변이되어 옳고[是] 그름[非]이 서로 다른 모습이 되고, 선과 악, 생과 사, 너와 나, 원한과 친밀 등이 서로 다른 모습이 됩니다. 이같이 이승인이 마음에 있는 서로 다른 모습을 알게 되면 다름과 그 다름이 없음을 깨닫게 되어 시비도 없고, 선악·생사·너와 나·원한과 친밀도 없어집니다. 이렇게 다름이 없어진 그것이 바로 열반의 경지입니다. 그러므로 이승인 역시 대단할 것이 없으며, 그들은 다만 수행에 열심히 정진할 따름입니다. 그래서 마음에 있는 서로 다른 모습을 보게 되고, 그 다름[異]을 깨달아 다름이 없는 모습인 무이无異가 되면, 생사를 여의게 되는 것입니다.

---

8 이승인二乘人은 붓다의 두 가지 교법으로 승乘, Yāna은 사람을 실어 이상의 경지에 이르게 하는 것을 말한다. 일반적으로 이승二乘은 성문승聲聞乘과 연각승緣覺乘을 말하는데, 성문승은 성문聲聞을 위하여 설한 사제四諦, 苦·集·滅·道 등의 법문이고, 연각승은 연각緣覺을 위하여 설한 12인연 등의 법문이다. *성문은 삼승三乘의 하나로 가장 원시적 해석으로는 붓다의 음성을 들은 불제자를 말한다. 대승의 발달에 따라 연각과 보살은 석존의 직접제자에 국한하지 않고, 석존의 교법에 의해 3생60겁三生六十劫 동안 사제四諦의 이치를 알아서 아라한과阿羅漢果의 증득을 바라는 수행자를 말한다.

보살은 한 걸음 더 나아가 '마음속에 머물러 있는 모습[住相]'을 깨달아야 합니다. 즉 머묾[住]과 머묾 없음[无住]을 깨달아야 하는데 미혹할 때는 주상이 생겨나고, 깨달았을 때는 주상이 없어집니다. 예컨대 나쁜 일을 저지를 때는 미혹하지만, 그것을 깨달았을 때는 나쁜 짓을 하지 않게 되는 것과 같습니다. 즉 착하고 올바름[善]을 닦지 않으면 미혹해지지만, 이를 깨우쳐 선善을 닦게 되면 미혹이 없어지므로 머묾과 머묾 없음을 깨닫게 되는 것입니다. 이와 같이 머묾을 깨달았을 때는 일체가 머물지 않는 것[不住]이니, 머물러 있는 모든 것은 망령된 마음이고, 일체 머물지 않는 그것이 바로 진실된 마음인 것입니다.

보살의 머묾이 없는 것[无住]과 머물지 않는 것[不住]은 또 무슨 모습일까요? 부주不住는 바로 상이 없는 것[无相]으로 안으로는 내가 '나'라는 '아상我相'[9]이 없고, 밖으로는 '너'라는 '인상人相'이 없으며,

---

9 아상我相, Atma-samiña은 인간이 태어나서 죽을 때까지 마음속에 지니는 나我라는 존재성을 내세우는 관념상의 모습이다. 『금강경』 제3 「대승정종분」에 '만약 보살이 아상我相을 지니거나 인상人相·중생상衆生相·수자상壽者相을 지니면, 이는 대승의 수행자가 아니다'라며 '아인사상我人四相' 가운데 첫 번째로 제시되어 있다. 이 아상은 오온五蘊이 온축되어 형성된 인간의 몸과 마음[存在]을 실제의 나[我]라고 믿고[我執], 또 그것을 나의 것이라고 집착[我所執]하는 소아적小我的 현상을 말한다. 다시 말해 아상이란, 이 세상에 태어나면서부터 익혀 온 삶의 습관과 경험

가운데로는 물건이라는 '물상物相'이 없어 삼륜체가 텅 빈 삼륜체공[10]이 되는 것입니다. 이를테면 보시를 할 때, 베풂이 능하지 않은 무능시无能施는 아상이 있고, 베푸는 바가 없는 무소시无所施는 물상이 있으며, 또한 베풂을 받아들이지 못하는 무수시无受施는 인상이 있는 것입니다. 그렇다면 '없다[无]'는 것은 무엇입니까? 머물지 않으면 바로 무无이고, 머물면 유有입니다. 즉 세상 사람들이 부처를 가려 경배하고, 승려를 가려 공양하는 것을 '마음의 주상住相'이라 합니다. 하지만 부처에게 절하는 공덕은 크지 않고, 승려에게 공양하는 것 또한 널리 베푸는 마음을 잃어버리게 되므로 '널리 공양한다[普供養].'라고 하지 않고 '가려서 공양한다[分別供養].'라고 하는데, 이러한 공양은 마음도 작고 공덕 또한 작습니다.

이와 같이 형상에 머물지 않는 '무주상보시无住相布施'가 진실하고 완전한 공양이며, 이러한 '머묾 없는 마음[无住心]'은 허공과 같

의 축적 등에서 이루어진 부정적 인격이다. 이러한 인격은 과거 아승지겁阿僧祗劫으로 익혀 온 것과 현생에서 익혀 온 것을 말한다. 이것을 불가에서는 무시겁无始劫 업보·업장業報業障이라 하는데, 이 같은 업장에 따라 희로애락하면서 생사윤회하게 된다.

10 삼륜체공三輪體空은 시공施空·수공受空·시물공施物空을 말한다. 즉 보시를 행할 때 베푸는 사람이나 베풂을 받는 사람, 그리고 베푸는 물품이 모두 공空함을 관觀하여 집착심을 여의는 것으로 삼륜체가 모두 공상空相이라는 것이다.

고, 그 공덕 또한 허공과 같습니다. 이것을 『금강반야바라밀경』(이하 『금강경』)에서 다음과 같이 말했습니다.

"(수보리여!) 보살은 법法[11]에 따라 마땅히 머무는 바 없이 베풀어야 하나니, 이른바 형상에 머물지 않고, 또한 음성과 향기와 미감과 촉각 등 일체의 작용에도 머물지 않는 베

---

11 법法의 사전적 의미는 ①헌법제도로 예문판율, 민법, 형법, 상법, 사법이고 ② 본받을 법效則, 떳떳할 법常也 ③형상 법象也이다. 법의 옛글자는 '물 수氵'와 '법 치廌' 그리고 '갈 거去'의 합성어인데, 『설문해자』에는 옛글자인 고문古文만 있고, 금문今文인 '법法' 자는 없다. 따라서 『설문』에서 말한 법은 "형벌刑也이다. 형은 죄를 벌하는 것이다[刑者罰罪也]."라고 하였다. 또 『역경易經』 제4 「산수몽괘」에는 "사람에게 형벌을 쓰는 것이 이롭긴 하지만, 그 쓰임이 지나치면 인색함으로 '이용형인'은 바른 것을 본받는 것이다[利用刑人 用說桎梏 以往吝 利用刑人 以正法也]."라고 하였고, 『계사상전』 7에서는 "대저 역은 성인이 덕을 높임으로써 사업을 넓히는 것이니 앎은 높이고 예는 낮추는 것이다. 높임은 하늘을 본받고, 낮춤은 땅을 본받음이다[夫易 聖人所以崇德而廣業也 知崇禮卑 崇效天卑法也]."라고 하였다. 불교에서는 "대개 우주적 본원과 도리, 법술을 가리킨다. 범어 다르마법전dharma śastra과 부처의 이명을 의역하여 법이라 한다[佛教泛指宇宙的本原, 道理, 法術. 梵語達摩曇無 意譯爲法]."라고 하였다. 즉 불가에서는 위진남북조시대에 북인도의 역경승譯經僧들이 범어를 한역漢譯하면서 법의 옛 글자보다 금문의 글자를 선호하여 법력, 법보 등 형이상학인 의미로 쓰인 것으로 보인다. *죄罪는 본디 '코'의 뜻인 '自'와 '침'의 뜻인 '辛'을 합해 죄의 뜻을 나타냈다. 이후 진시황이 자신을 뜻하는 '황皇'과 닮았다고 하여 쓰지 못하게 하자 현재의 '罪'로 바뀌었다. 현재의 자형은 '그물'의 뜻인 '망网'과 '아니다'의 뜻인 '비非'로 이루어져 '대쪽 망'과 '허물'의 뜻으로 쓰인다. (역자 주)

품이어야 하는 것이다. 수보리여! 보살은 마땅히 이와 같이 베풀어서 형상에 머물지 않아야 하니, 이것은 무슨 까닭인가? 만약 보살이 형상에 머물지 않고 (부자유한 사람들에게) 자유와 진리를 베풀었을 때, 그 복덕은 헤아릴 수 없는 것이니라. 수보리여! 그대 생각은 어떠한가. 동방의 허공을 헤아릴 수 있겠는가?"

"헤아릴 수 없습니다, 스승님."

"수보리여! 그럼 남방과 서·북방, 그리고 그 사이의 건·곤·간·손과 상하의 허공은 헤아릴 수 있겠는가?"

"헤아릴 수 없습니다, 스승님."

"수보리여! 보살의 머묾 바 없이 베푸는 공덕이 또한 이와 같아서 헤아릴 수 없는 것이니라. 수보리여! 보살은 다만 이와 같이 (머물되 머묾 없이 머무는 것이요, 베풀되 베풂 없이 베푸는 것) 내가 가르친 바대로 머물러야 하는 것이니라."[12]

---

12 "(復次須菩提) 菩薩於法 應無所住行於布施 所謂不住色布施 不住聲香味觸法布施 須菩提 菩薩應如是布施 不住於相 何以故 若菩薩 不住相布施其福德 不可思量 須菩提 於意云何 東方虛空可思量不 不也 世尊 須菩提 南西北方四維上下虛空 可思量不 不也 世尊 須菩提 菩薩無住相布施福德 亦復如是 不可思量 須菩堤 菩薩但應如所教住"『금강경』제4「묘행무주분妙行無住分」. *이 같은 보살의 '머무는 바 없이

이와 같이 보살은 머묾과 머묾 없음을 깨달아 실천함으로써 나고 죽음에도 머물지 않고, 열반에도 머물지 않습니다. 만약 보시布施에 머문다면 지계持戒를 닦을 수 없고, 인욕忍辱에 머문다면 선정禪定을 닦을 수 없으니, 보살은 이와 같이 머무는 바 없이 육도만행[13]을 두루 닦고 실행해야 하는 것입니다.

　　그렇다면 마음의 '생상生相'은 또 어떠할까요? 만약 생生이 바로 무생无生임을 깨닫는다면, 생겨남이 없다[无生]는 것은 또 무엇일까

베푸는 공덕'이 불가사량하다고 한다면, 제16「능정업장분能淨業障分」에서는 "이러한 공덕을 이해하지 못하고 여우처럼 믿지 않고 의심한다면, 이 경의 뜻도 마땅히 불가사의하지만 과보 또한 불가사의하다[或有人聞 心則狂亂 狐疑不信 須菩提 當知是經義 不可思議 果報 亦不可思議]"라고 경책하였다. **4세기 북인도의 역경승인 월칭月稱, candrakiriti은『입중론入中論』제3「보살지삼승인菩薩之三勝因」에서 '대승불교를 이해하는 데 있어서 보살의 개념을 이해하지 않고는 불교를 체득할 수 없다'라고 전제하면서 '이러한 보살의 대자대비심이 생사유전生死流轉하고 유정무상有情無常하는 모든 법의 그 불가득성不可得性한 공성空性을 근거로 하여 생겨나는 보살심[지혜·공덕]에 의해 깨달음을 체득할 수 있다'라고 하였다. (小川一乘 著,『佛敎思想論集』第三卷「中觀思想論」, 2004 p. 14~21)

13　육도만행六度萬行은 보살이 수행하는 여섯 가지의 덕목을 말한다. 즉 보시·지계·인욕·정진·선정·지혜의 육도(六度, 육바라밀)는 모든 선행의 근본이기 때문에, 넓은 의미로 보면 만행萬行이 되고, 요약하여 말하면 여섯 가지가 되는 것을 가리킨다. 정토문淨土門에서는 염불 이외의 모든 선행을 말한다.

요? 생겨남이 없으면 바로 부처이고, 등각보살[14] 또한 10분의 1 무명생[一分无明生]이며, 십지[15]보살은 10분의 2 무명생이고, 초지보살初地菩薩은 10분 무명생입니다. 그리고 부처는 마음의 생겨나는 모습[生相]을 보고 생이 바로 무생임을 깨달았으며, 생겨남이 없는 마음[无生心]을 보고 일체법이 무생임을 들여다보게 되어 무생법인[16]을

---

14 등각等覺, Samyak-sambodhi은 부처의 별칭으로 '등等'은 평등이고, '각覺'은 깨달음으로 모든 부처의 깨달음이 한결같게 평등함으로 등각이라 한다. 그리고 보살이 수행하는 경지의 단계 중 제51위의 극위極位로서 그 지혜가 원만한 부처의 경지와 같다는 뜻으로 '등각'이라 한다. 등각대사와 동의어이다.

15 십지十地, Daśadhūmi는 불교 수행자의 수행단계를 10가지 등급으로 나눈 말이다. '지地'는 능생소의能生所依란 뜻으로, 그 자리에 머물러 그 법을 가짐으로써 결과[果]를 생성하는 것을 말한다. 대승보살의 십지는 보살수행의 계단인 52위 가운데 십신十信·십주十住·십행十行·십회향十廻向을 닦고 난 다음 단계인 제41위부터 50위까지를 말한다. ①환희지歡喜地: 처음으로 불지에 접해 희열에 찬 초지보살의 위 ②이구지離垢地: 계를 지켜 더러움을 떠난 청정한 위 ③발광지發光地: 지혜와 광명이 생겨나는 위 ④염혜지焰慧地: 지혜가 불같이 일어나 장애를 태우는 위 ⑤난승지難勝地: 진과 속의 두 지혜가 조화를 얻는 위 ⑥현전지現前地: 진여의 진상이 나타나는 위 ⑦원행지遠行地: 이승의 깨침을 넘어 광대무변한 진리의 세계에 도달한 위 ⑧부동지不動地: 완전한 진여를 얻어 다시 동요되지 않는 위 ⑨선혜지善慧地: 진여를 체득하여 그 묘용을 나타내는 위 ⑩법운지法雲地: 끝없는 공덕을 구비하고 사람에게 이익되는 일을 행하는 대자비의 십지보살의 지위를 말한다.

16 무생법인無生法忍은 이인(二忍: 중생인·무생법인)과 삼인(三忍: 음향인·순인·무생법인) 중의 하나로 무생인이라고도 한다. ①생멸을 떠나 불생불멸하는 진여실상을

증득한 것입니다. 즉 번뇌에서 모든 일[法]이 생겨나니, 번뇌가 없으면 바로 보리菩提·佛性이고, 업장이 없으면 바로 해탈이며, 생사가 없으면 열반이고, 중생이 없으면 모두 부처인 것입니다. 그래서 중생이 깨달음을 이루는 것은 어렵지 않습니다. 다만 생과 무생을 깨달을 수만 있다면 바로 부처가 됩니다. 그러므로 부처는 크고 원만하게 깨달은 사람을 말합니다.

부처는 이 같은 마음의 네 가지 모습[四相]을 가장 명료하고 명백하게 마주 보기 때문에 밝은 마음[明心]이라고 합니다. 즉 생겨나고 생겨남이 없는 것[生·无生]을 깨닫고, 머물고 머묾이 없는 것[住·无住]을 깨달으며, 다름과 다름 없음[異·无異]을 깨닫고, 또한 사라짐과 사라짐이 없음[滅·无滅]을 깨달아서 생·주·이·멸하는 마음의 네 가지 모습이 모두 없어진 것입니다. 이것이 바로 보리심이요, 청정심이요, 또한 반야바라밀다심이며, 바로 부처의 경지입니다. 하지만 범부는 미혹하기 때문에 이것을 깨닫기 어려운 것입니다.

깨달아서 그곳에 안주하는 것으로, 보살이 초지 혹은 7·8·9지에서 얻는 깨달음이다. ②희인喜忍, 오인悟忍, 신인信忍이라고 이름하는 위로서 극락세계에 왕생하는 것을 의심치 않는다. 생즉무생生卽無生의 왕생을 인득忍得하여 이같이 부르며, 10신위 가운데 있다.

달마 조사의 마음, 마음, 마음

수행이란 바로 마음을 밝히는 것이지만, 이 마음을 밝히는 것이 그렇게 쉽지 않습니다. 그래서 이 '마음'에 대해 달마 조사[17]는 『혈맥론』에서 말하기를 "마음, 마음, 마음- 참으로 찾기 어렵구나! 넓을 때는 시방법계에 미치지 않는 바가 없고, 좁기로는 바늘 하나 꽂을 데 없도다[心心心하야 難可尋인댄 寬時遍法界하고 窄也不容針이라]."라고 한 것입니다.

마음, 마음, 마음- 이것은 바로 과거의 마음을 가리키고, 현재의

---

17 보리달마(菩提達摩, Bodhidharma, ?~536)는 중국 선종禪宗의 창시자로서 달마 조사라고도 한다. 남인도 사람으로 남조 유송劉宋 말에 뱃길로 지금의 광동성 광주에 이르러 북위北魏의 낙양에서 양무제(梁武帝, 464~549)를 만난 후 숭산 소림사에서 9년간 면벽참구面壁參究하였다. 이때 신광(神光, 487~593)이 찾아와 자신의 왼팔을 잘라 신표를 보인 후 "제 마음의 평안을 찾지 못했습니다. 원컨대 제 마음을 안심시켜 주십시오."라고 하자, 달마가 말했다. "그대의 마음을 내놓아 보게. 그러면 내 그것을 편안하게 해 줌세." 오랫동안 입을 다물고 있던 신광이 "아무리 찾아도 찾을 수가 없습니다."라고 하자, 달마가 "내 그대와 더불어 이미 안심입명에 이르렀네."라고 하였다.[可曰 我心未寧 乞師與安 祖曰 將心來 與汝安 可良久 曰覓心了不得 祖曰 我與汝安心竟]" 이후 신광을 입실시켜 혜가慧可라는 법호와 함께 선법을 전했다. (『傳燈錄』「指月」 4권 p.6) *이후 3조 승찬僧燦, 4조 도신道信, 5조 홍인弘忍, 6조 혜능慧能으로 전해졌으나, 6조 이후부터는 의발전수衣鉢傳受 없이 '直指人心 見性成佛 教外別傳 以心傳心'으로 중국선종사의 기틀을 마련하였다.

마음을 가리키며, 미래의 마음을 가리키는 것입니다. 그래서 석가모니불도 『금강경』에서 "과거의 마음도 얻을 수 없고, 현재의 마음도 얻을 수 없으며, 미래의 마음도 얻을 수 없다[過去心不可得이오 現在心不可得이오 未來心不可得이라]."라고 이른 것입니다.[18] 이와 같이 이

---

18 『금강경』 제18에 나오는 이 경구는 선가의 공안 가운데 하나로 그 유래는 덕산 선감(德山宣鑒, 780~865)에 의해서다. 덕산은 사천 성도四川 成都 출신으로 속성은 주周씨이다. 일찍이 율종律宗으로 입문하여 율학에 밝은 한편 『금강경』에 정통하였다. 특히 청룡靑龍 법사가 지은 '소초疏抄'를 깊이 연구하고 강론하여 주금강周金剛이라고 불렸다. 그런데 남방에서 혜능의 영향으로 선학이 크게 성행한다는 소문을 듣고 "수많은 불자들이 의식과 교학에 일생을 바쳐도 성불하기 어려운데 직지인심直指人心 견성성불見性成佛이라니… 내 그들의 소굴로 들어가 그 종자를 없애고 불은에 보답하리라"라고 하며 장대소쿠리에 『금강경청룡소초본』을 꿰어 짊어지고 용담龍潭 선사가 있는 호남을 향했다. 며칠 후 용담사 들목에 이르러 길에서 떡을 팔고 있는 노파에게 점심으로 떡을 달라고 하였다. 이때 노파가 장대소쿠리를 가리키며 무슨 책이냐고 물었다. 선사가 『금강경청룡소초본』이라고 말하자 노파는 "내가 화상께 여쭙겠는데 답해 주시면 점심을 그냥 드시고, 그러지 못하면 옆 사람에게 사 드십시오."하면서 "금강경에 과거심도 얻을 수 없고 현재·미래심도 얻을 수 없다 했는데, 화상께선 어느 마음에 점심을 때우시렵니까?"라고 하였다. 이 말에 덕산은 아무런 답도 못하고 황망하게 질 문으로 들어섰다. 그러고는 "내 용담에 오고 싶어 왔건만, 용도 없고 담도 없는데 용담이라 했는가!"라며 떡장수 노파에게 당한 분기를 쏟아냈다. 그때 선실禪室에 있던 용담 선사가 나와 "아닐세, 그대는 용담에 제대로 온 것이라네."라고 하자, 덕산은 그 말에도 즉답하지 못한 채 그냥 머물기로 하였다. 어느 날 용담 선사와 밤늦게 법담을 나눈 덕산 선사가 처소로 가다 다시 돌아와 "밖이 너무 어두워 호롱불을 얻고자 합니다." 하니, 이에 선사가 호롱불을 건넸는데 덕산이 받을 때 그 불을 훅 꺼 버렸다.

미 얻을 수 없다[不可得]고 하였는데, 어떻게 찾을 수 있을까요? 얻을 수 있어야 찾을 수 있는 것 아니겠습니까! 예컨대 허공은 잡을 수 없고 만질 수도 없듯이 이 세 가지 마음도 얻을 수 없기 때문에 찾기 어렵다고 말한 것입니다. 그리고 "넓을 때는 시방법계에 미치지 않는 바가 없다[寬時遍法界]."라고 한 것에서 '넓다[寬]'는 것은 매우 큰 것으로 마음이 넓을 때는 시방법계에 두루 미친다는 뜻이고, 또 "좁기로는 바늘 하나 꽂을 데 없다[窄也不容針]."라고 한 것은 마음이 협애狹隘해졌을 때는 바늘 하나도 용납하지 않는다는 것입니다. 뒤에 나온 이 두 구절은 모두 우리 마음의 모양새와 작용을 가리키는 것입니다.

또 말하기를 "나는 본디 마음을 구할 뿐 부처를 구하지 않는다. 삼계三界[19]가 텅 비어 만사만물이 없음을 알진대, 만약 부처를 구하

사위는 칠흑같이 캄캄해졌고 덕산은 그 자리에 엎드려 선사에게 감례感禮를 드렸다. 선사가 "무엇을 보았는가?"라고 묻자 덕산은 "이제부턴 노승진념老僧眞念에 절대 의심 두지 않겠습니다."라며 물러났다. 이튿날 아침 그는 청룡소초를 법당 앞에 쌓아 놓고 "번쇄한 논의는 허공에 날리는 터럭과 같고 세상의 재능은 깊이를 알 수 없는 바다의 물 한 방울과 같도다[擧火炬曰 窮諸玄辯 若一毫置太虛 竭世樞機 似一滴投于巨壑]"라며 책을 모두 불태웠다.(『指月』 권15, 9頁)

19 삼계三界란 불가에서는 유·무형의 세계를 욕계欲界·색계色界·무색계無色界로 나눈 것이다. 욕계kāma-dhātu는 식욕食欲·음욕淫欲·수면욕睡眠欲 등의 5욕(색·

고자 한다면 오로지 마음을 구해야 한다. 마음이라는 이 마음 마음이 바로 부처인 것이다[我本求心不求佛이니 了知三界空无物인댄 若欲求佛但求心이니 只這心心心是佛이라]."라고 하였습니다. 이와 같이 달마 조사는 "나는 다만 마음을 구할 뿐, 부처를 구하지 않는다[我只求心不求佛]."라고 한 것입니다. 동방에는 항하恒河의 모래알같이 많은 부처가 있고, 남서북방 사유상하에도 항하의 모래알같이 많은 부처가 있습니다. 그러면 여러분은 그 많은 부처 가운데 어느 한 분을 구한단 말입니까! 그래서 달마 조사가 '나는 본디의 마음을 구

성·향·미·촉)이 강한 세계로서 천상계와 천하계로 나눈다. 천상계는 육도 가운데 천도天道를 말하고, 천하계는 인도人道로서 지옥·아수라·아귀·축생·인간을 가리킨다. 색계rupa- dhātu는 욕계와 같은 탐욕은 벗어났으나, 청정미묘한 형체가 있는 세계로서 색애色愛, 곧 형상에 대한 욕망이 있는 세계를 말한다. 무색계arūpa-dhātu는 색계와 같은 청정미묘하고 형체가 없는 정신적인 세계지만 유애有愛, 곧 존재에 대한 욕망이 있는 세계를 말한다. *도가에서는 불가의 이론을 연용衍用하여 이耳·목目·구口·비鼻·심心의 욕망을 말한다. 천계를 욕·색·무색계로 나눠 욕계는 대황황증전大皇黃曾天 등 6천인데, 세속에서 살殺·도盜·음淫을 범하지 않은 사람이 사는 세계로 수명은 1만 년이다. 색계는 허무월형천虛無越衡天 등 18천인데, 세속에서 탐진의 죄를 범하지 않은 사람이 사는 세계로 수명은 1억 년이다. 무색계는 호호皓·정정庭·소소宵·도도度 등 4천인데, 세속에서 악어惡語·망어妄語·기어綺語를 하지 않은 사람들이 사는 세계로 수명은 억겁 년이다. 또 시간적으로는 우주삼계를 무극無極·태극太極·현세現世로 나누고, 공간적으로는 천天·지地·수계水界를 말한다. (『雲笈七籤』 권10, 상)

하려는 것이지, 부처를 구하려는 것이 아니다'라고 거듭 강조한 것입니다. 또 '삼계가 텅 비어 만사만물이 없음을 안다'라고 한 것은 삼계는 오직 마음에서 만들어진 것이므로 마음을 밝히게 되면 삼계는 바로 텅 비워진다는 뜻입니다.

옛사람이 말하기를 "삼계는 별도의 법이 없어 오직 마음으로 지은 것이니 만약 사람이 그 마음을 안다면, 한 뼘의 땅도 필요 없다[三界无別法하고 唯是一心作이니 若人識得心이면 大地无寸土니라]."라고 하였습니다. 이와 같이 삼계는 오직 마음인 것으로 마음 밖에 삼계가 있는 것이 아닙니다. 또한 우리는 이 삼계 안에 머물러 있으니 모든 것은 오직 마음으로부터 나타난 것이고, 마음에서 지어진 것입니다. 그래서 달마 조사는 "삼계가 텅 비어 만사만물이 없음을 알아야 한다[了知三界空无物]."라고 하였으며, 또 "만약 부처를 구하고자 한다면 오직 마음을 찾아야 하는데, 마음이라고 하는 이 마음 마음이 부처이다[若欲求佛但求心인댄 只這心心心是佛이라]."라고 누누이 가리킨 것입니다.

이와 같은 깨달음[佛]을 이루고자 생각한다면 반드시 마음을 밝혀야 하는데 이 깨달음은 마음이 만드는 것으로, 부처가 부처를 만드는 것이 아니라, 마음이 부처를 만드는 것입니다. 이것을 『정토경』에서는 "마음이 바로 부처요, 마음이 부처를 만드는 것이다[是心

是佛이오 是心作佛이라]."[20]라고 하였으며, 달마 조사도 우리에게 마음을 밝히라고 가르치면서 "마음이 바로 부처이다[卽心是佛]."라고 강조하였던 것입니다.

본디 지닌 마음과 알고 대비하는 마음

이러한 마음을 찾는 방법에 대해 달마 조사는 게송에서 말하기를 "내가 찾으려는 마음은 본디부터 스스로 지니고 있는 마음[心自持]인데, 그 마음을 얻을 수 없는 것은 마음이 미리 알고 대비하기[待心知] 때문이다. 불성이 마음 밖에서 얻어지지 않는 것은, 마음이 생겨나면 바로 그때 허물도 생겨나기 때문이다[我本求心心自持인댄 求心不得待心知어늘 佛性不從心外得하야 心生便是罪生時니라]."라고 하였습

---

20 "붓다가 아난과 위제희에게 말했다. 이 일을 이미 보았으니 다음은 부처를 생각하라. 왜냐하면 제불여래는 법계의 몸으로 일체 중생의 마음속에 들어가 있기 때문에 너희들이 부처를 생각할 때, 그 마음이 바로 32상과 80수형호이니, 이 마음이 부처를 이루고, 이 마음이 곧 부처이다[佛告阿難及韋提希 見此事已 次當想佛 所以者何 諸佛如來是法界身 入一切衆生心想中 是故汝等 心想佛時 是心卽是三十二相 八十隨形好 是心作佛 是心是佛]"(『관무량수경觀無量壽經』 제8 「불상관법佛像觀法」 상.)

니다. 앞의 두 구절에서 말한 의미는 우리가 만약 마음을 구하려고 한다면, 이 마음은 이미 당신 스스로가 일찍이 지니고 있는 것이라는 뜻입니다.[21]

옛적에 수달다 장자須達多長者가 기환정사祇桓精舍를 지을 때 사리불과 함께 구획 정리를 하고 있었는데, 사리불이 갑자기 웃음을 터뜨리자 수달다 장자가 그에게 "무슨 연유로 웃느냐?"라고 물었습니다. 이에 사리불이 "기환정사가 아직 지어지지도 않았는데 지금 구획 정리를 하고 있으니, 그대는 이미 육욕천[22]의 과보를 드러낸

---

21 달마 조사가 말한 '본디 찾으려는 마음本求心'을 장자는 "무릇 본디 있는 마음을 따라 스승을 삼는다면, 어느 누군들 스승 아님이 있겠는가? 어찌 반드시 고칠 것을 알아 마음 스스로 선택하는 자에게만 스승이 있다 하겠는가. 어리석은 자라도 스승은 지니고 있는 것이다[夫隨其成心而師之이면 誰獨且無師乎아 奚必知代하얀 而心自敢者有之이니 愚者與有焉이라]"라고 하였다. (『장자莊子』「제물론齊物論」제7.)

22 육욕六欲은 범부가 지니고 있는 여섯 가지 욕망으로 ①색욕色欲 ②형모욕形貌欲 ③위의자태욕威儀姿態欲 ④언어음성욕言語音聲欲 ⑤세활욕細滑欲 ⑥인상욕人相欲을 말하고, 육욕천은 욕계欲界에 속한 욕천欲天이라 한다. 『구사론俱舍論』권 8에는 육욕천으로 ①사왕천四王天 ②도리천忉利天 ③야마천夜摩天 ④도솔천兜率天, ⑤화락천化樂天 ⑥타화자재천他化自在天을 들고 있다. 사왕천은 수미산 제4층급의 4면에 있는 지국천·중장천·광목천·다문천의 4천왕과 그 권속이 머무는 곳이다. 도리천은 수미산 정상에 있고, 제석천을 중심으로 사방에 각기 8천이 있기 때문에 33천이라 한다. 야마천은 도리천으로부터 8만 유순由旬의 상공에 있다. 도솔천은 희족천憙足天이라 하는데, 이것은 자기가 받는 5욕락欲樂에 만족한 마음

것이다."라고 했습니다. 그러자 수달다 장자는 "나는 다만 도솔타천에 태어나 '미륵보살'을 가까이 모시기를 바랄 뿐이다."라고 대답하였습니다. 말이 끝나자마자 육욕천 가운데 오층천은 모두 사라지고 다만 도솔타천만이 눈앞에 드러났으니, 이것이 바로 '스스로 지니고 있는 마음[心自持]'이라는 것입니다.

'지持'는 바로 '잡아서 지니다[把持]'라는 뜻으로, 기환정사는 비록 건립되지 않았지만 한 생각을 머리에 떠올리자 하늘의 복된 과보가 바로 나타난 것입니다. 마찬가지로 우리가 아직 마음을 찾지 못했다 하더라도, 이미 마음으로는 자기 자신을 잡아 지닌 것입니다.

그리고 "구하려는 마음을 찾을 수 없는 것은 마음이 미리 알아서 대비하고 있기[待心知] 때문이다"라는 말은, 마음이란 매우 영민靈敏한 것이므로 우리가 마음을 구하려 할 때 마음이 이러한 의도를 알게 하면 안 된다는 것입니다. 비록 마음은 자기 자신의 마음이지만, 이 마음을 '보리심'이라고도 하고, 또한 '본심'이라고도 합니다. 그러나 무시겁無始劫 이래로 우리는 (잘못된 생각과 관습으로) 이

을 내는 까닭이다. 도솔천의 내원에는 미륵이 설법하고, 외원에는 천중天衆이 머문다. 화락천은 낙변화천樂變化天이라 하여 5욕의 경계를 스스로 변화시켜 즐긴다. 타화자재천은 욕계의 정상에 있으면서 다른 이로 하여금 자유자재로 오욕경계를 변화하게 한다.

본심에 미혹되어 있기 때문에, 만약 이 본심을 되찾으려는 생각으로 마음을 일으켜 생각을 움직이게 되면 영원히 찾을 수 없습니다. 다시 말해 마음을 일으켜 생각을 움직이면 마음이 그 의도를 알고 대비하게 되므로 구하지 못하는 것입니다. 이와 같이 옛사람들은 수행할 때 모두 텅 빈 마음[无心]으로 깨달았습니다. 간혹 마음에 생각을 가지고[有心] 깨달은 사람이 있다손 치더라도, 대다수의 사람은 모두 무심도인无心道人이며 무심오도无心悟道입니다. 만약 마음에 생각을 가지게 되면 '도道'가 눈앞에 있을 수 없으므로, 이른바 무심이 되어야 '도'와 부합하게 됩니다.

또한 "불성은 마음 밖에서 얻는 것이 아니다"라는 말은 마음 밖에 불성이 있는 것이 아니라는 말입니다. 예컨대 '물이 맑아야 달이 비치듯이 마음이 맑아야 부처를 본다'고 하는 것과 같습니다. 또 "마음이 생겨나면 바로 허물이 생긴다"라고 한 것은 마음이 일어나 작용할 때는 앞에서 말한 '대심지待心知' 때문에 불성을 보지 못할 뿐만 아니라, 이미 '심자지心自持'를 가장假裝한 허물이 눈앞에 드러나 있기 때문입니다. 그래서 불교를 공부하는 사람은 조심操心하고 조심해야 합니다. '마음이 생겨나면 바로 허물이 생긴다'는 것은 마음이 일어나는 즉시 차별심이 생기고, 생각이 움직이게 되면 어긋나기 때문입니다. 그래서 마음이 일어나 생각이 움직이게 되면 모두 허물을 짓게 된다는 뜻입니다. 생각해 보십시오. 허물을 지니고 어떻게 불성을 볼 수 있겠습니까? 허물이 있으면 바로 과보를 받는 것입니다.

따라서 우리는 이 마음이 무슨 마음인지 분명히 알아야만 합니다. 이것은 보리심이자 열반심이며, 진여심이자 불심인 것으로, 참된 마음에 항상 머물러 있습니다. 여러분이 아직도 확실히 이해되지 않으신다면, 지금부터 제가 다시 한 번 더 간단하게 설명하겠습니다.

본래면목에는 나고 죽음이 없다

이른바 마음을 밝힌다는 것은, 번뇌가 생겨나기 이전의 그 마음을 밝히는 것입니다. 그리고 번뇌는 그 뒤에 따라와 있는 것으로 어둠[无明]이 있으면 바로 번뇌가 생기게 됩니다. 즉 한 생각으로 깨닫지 못하면 어둠이 생겨나 무시겁 이래의 번뇌가 마음을 미혹하게 하지만, 번뇌라는 것은 본래 없는 것입니다. 그렇다면 본래 번뇌가 없다는 마음은 어떠한 것일까요! 우리는 분명히 알아야 합니다. 만약 번뇌가 본래부터 있어 왔다면 깨달음을 이룰 사람은 한 사람도 없습니다. 하지만 번뇌라는 것은 본래 없는 것이기 때문에 우리는 성불할 기회가 있는 것입니다. 이렇게 번뇌가 본래 없다는 것을 깨달을 수 있다면, 번뇌 없는 청정심을 확실히 알게 되어 올바른 수행으로 성불에 이르게 됩니다.

그러면 본래 번뇌가 없다는 마음은 무엇인가? 이것을 우리는 본래면목[23]이라고 합니다. 이 본래면목에는 번뇌가 없습니다. 번뇌가 있다면 본래면목이 아닙니다. 또 본래면목에는 나고 죽음[生死]이 없습니다. 나고 죽음은 이후에 생겨난 것입니다. 이렇게 생사가 생겨나기 이전의 생사 없는 본래 청정한 마음이 바로 우리의 보리심이요 열반심이며, 진여심이요 불심인 것으로, 우리가 이러한 생사 없는 열반심을 가지고 수행을 하게 되면 바로 성불에 이르게 됩니다.

그렇다면 번뇌가 없어져야만 비로소 이 청정보리심을 볼 수 있는 것인가? 아닙니다. 번뇌가 있을 때에도 볼 수 있습니다. 왜냐하면 번뇌는 보리심을 오염시킬 수 없으므로, 번뇌가 일어날 때에도 또한 번뇌 속에 있는 본래의 청정심을 분별해서 취할 수 있기 때문입니다. 그러나 반드시 선지식의 가르침이 있어야 하고, 또한 자신의 목숨을 걸다시피 한 수행이 있어야 하며, 이 두 인연이 합해져야만 번뇌를 끊지 않고도 바로 보리를 볼 수 있는 것입니다.

---

23 본래면목本來面目은 ①중생이 본래 지니고 있는 순수한 심성 ②자기 본래의 모습, 성불을 뜻한다. 불가에서는 우주만물을 본래 하나라는 일원성一圓性으로 보기 때문에, 중생은 본디부터 부처의 성품을 갖추고 있다는 것이다.

이와 같이 생사란 본래 없는 것인데, 중생에게는 생사가 있습니다. 청정심에는 생사가 없습니다. 하지만 반드시 생사를 떠나야만 열반심을 볼 수 있는 것도 아닙니다. 몇 십 년 동안 생로병사에 머물러 있었다 하더라도 생사 없는 열반청정심을 볼 수 있는 것입니다. 그러나 이 또한 선지식의 가르침과 자신의 투철한 용맹정진이 뒤따라야 합니다.

그러면 어떻게 정진해야 열반심을 볼 수 있을까요. '반야바라밀다'라는 경의 제목이 말하듯이, 만약 청정심을 보고자 한다면 반야바라밀의 힘에 의지해야 합니다. 그렇다면 반야란 무엇인가? 반야는 깨달음의 어머니입니다. 만약 세상 사람들이 현명하다면 이 세상은 지혜롭고 분명해진다고 하는데, 이것은 '배심취경背心取境'으로부터 나옵니다. 바로 자기의 마음을 위배하고[背心], 바깥의 경계를 받아들이는[取境] 것으로, 외경을 받아들일 때는 반드시 '나'라는 존재가 있어야 합니다. 즉 배심취경은 세간법을 궁구하여 밖으로부터 배우는 것을 말하지만, 이 '나'라는 한 글자를 떠나서는 불가능합니다. 다시 말해 '내'가 있음으로서 학문이 모여 쌓이게 되고 총명해진다는 것입니다. 따라서 세간의 총명과 지혜에는 반드시 '내'가 있어야 하고, 총명한 사람은 '나'를 매우 귀중하게 생각하며, 학문이 더하면 더할수록 더욱더 나를 귀중하게 여기게 됩니다.

그러나 '내가 있다[有我]'고 하는 것은 유위법[24]이고, 반야는 유위법이 아닌 무위법[25]입니다. 그래서 외경을 등지고[背外境] 참구하려는 것은 바로 자기의 마음을 확실히 밝히는 것입니다. 이렇게 마음을 밝히게 되면 '나'라고 하는 존재가 조금도 있을 수 없으므로, 마음이 밝으면 바로 만법萬法을 두루 들여다볼 수 있습니다. 만법은 자기의 마음을 떠날 수 없는 것, 그러므로 이 마음을 확실히 알고 난 다음에 삼세제불이 세상에 있을 수 있고, 시방세계가 그 가운데 있으며, 시방세계 역시 밝고 명료해지는 것입니다. 또 이 마음을 확실히 알면 한자漢字나 외국어는 물론, 심지어 짐승의 소리나 새의 지저귐도 알아들을 수 있고, 다라니[26]의 말도 체득할 수 있습

---

24 유위법有爲法, Saṃskṛta, Dhamāh은 노·불老佛의 용어이다. 위爲란 만든다는 뜻으로 인연에 의해 생겨나 생멸변화하는 물심物心의 모든 현상을 말한다. 『운보대법雲寶大法』에 "일체유위법이 대명大命을 이룬다"라고 하였다.

25 무위법無爲法, Asaṃskṛtadharma은 범어의 의역으로 무위無爲라고도 하며, 유위법과 상대된다. 위爲가 생멸변화하는 모든 현상이라면, 무위無爲는 영구불변의 절대존재이다. 불교에서 무위법이란 모든 현상의 참다운 체성體性이고 최종진리이다. 실상實相·법성法性·진여眞如·열반涅槃과 같은 의미를 포함한다. 『대비파사론大毘婆沙論』 제76에 "만약 법법이 생도 없고 멸滅도 없고 인因도 없고 과果도 없다면 무위無爲의 상相을 얻은 것인데, 이것이 무위의 뜻이다"라고 하였다.

26 다라니陀羅尼, dhārani는 총지總持·능지能持·능차能遮라고 번역한다. 본디 정신을 모아 불법을 간직하는 것, 또는 그 결과로 얻어진 정신 집중상태를 가리키지

니다. 이렇게 마음을 밝힐 때라야 만법을 두루 꿰뚫게 됩니다. 하지만 반드시 '나'라는 아상이 없어야[无我] 하고, '내가 없는 무아'가 되어야 만법을 모두 꿰뚫게 되니 그것이 바로 반야지[27]입니다.

반야를 일반적으로 지혜라고 말하지만, 나는 '보리菩提'라는 두 글자를 붙여서 '보리지혜'가 바로 반야라고 생각합니다. 다시 말해

만, 뒤에는 주呪로서 재앙을 없애는 공덕을 지니는 것으로 전해져 왔다. 원시불교에서는 부정했지만, 남전불교는 지금도 호주護呪를 전하고 있고, 부파불교의 법장부法藏部도 주장呪藏을 전해 왔다. 초기대승경전인 『법화경』에는 주문으로 다라니가 설해져 대승불교에서는 일찍부터 전해 왔음을 알 수 있다. 후기 밀교에서는 다라니가 명명, vidyā·진언眞言, mantra·심진언心眞言, hrdaya 등으로 사용되었다. 즉 심진언은 단음사單音辭의 주문이고, 진언은 짧은 복음사複音辭의 주문이며, 다라니는 복수음절의 주문으로 분류하지만 엄밀한 구별은 아니다. 다라니에는 먼저 '귀경사歸敬辭'가 있고, 그 다음에 '즉卽, tad yathā'을 도입하여 주부主部에 둔다. 주부는 본존本尊에서 부르는 명사의 호격과, 무엇을 기원하는 동사명령법, 그리고 위신력을 지니는 종자種子, 일반 언어로는 표현하기 어려운 의미불명어 등으로 이루어진다. 이러한 진언이 순밀純密 시대에는 '일체법은 자성청정이다'와 같이 대승불교의 교리를 그대로 쓰는 것과 대조를 이룬다. 대승에 많은 다라니가 있지만, 몇몇은 불격화佛格化하여 준제대다라니·백산개다라니·대수구다라니로 되었다. 즉 본존에 따라 다라니가 있었다기보다 다라니가 먼저 있고, 후에 그 위신력을 지니게 된 것이다.

27 반야지般若智, Prajinaparamita는 육바라밀 가운데 보시布施를 제외한 지계持戒·인욕忍辱·정진精進·선정禪定·지혜智慧 등 5가지 수행을 가리킨다. 이것은 대승불교에서 보리살타菩提薩陀 Bodhisattva가 반드시 실천해야 하는 규범이다.

보리가 불성이고, 이 불성으로부터 나온 지혜가 바로 반야이므로, 반야라는 것은 밖으로부터 배워 있는 것이 아닙니다. 밖으로부터 배우는 것은 총명이라 할 뿐이지, 반야라 하지 않습니다. 오직 바깥 경계를 여의어야 마음을 밝힐 수 있고, 이러한 밝은 마음에서 지혜가 생겨나게 되므로, 이것을 바로 반야라고 합니다.

혜능의 자간自看과 마조의 시작처

이와 같이 바깥 경계를 여의고 자기 자신의 마음을 들여다보는 것[背境觀心], 즉 자기가 자기 자신을 보는[眼自看] 것은 자기 스스로를 살피는 것으로 남을 보는 것이 아닙니다. 자기를 본다는 것은 바로 자기의 허물을 알아 능히 자신을 되돌아보고 성찰하는 것으로 자기의 허물을 파악하고 청정하게 씻어 내는 것입니다. 그래서 육조六祖 대사가 말하기를 "만약 진정한 수행인이라면, 항상 자기의 과오를 보아야 한다[若眞修道人이면 常自見己過라]."라고 하였습니다. 그런데 우리는 왜 자기의 허물을 보지 못할까요. 그것은 우리 모두 자기의 눈으로 자기 자신을 보지 못하고 타인만 보기 때문입니다. 남의 허물만 보면서 어떻게 자기의 허물을 볼 수 있겠습니까!

반드시 회광반조廻光返照²⁸ 한 이후에야 비로소 자기의 과오를 볼 수 있는 것입니다.

　자기가 자기 자신을 보는 것[眼自看]은 매우 소극적인 것으로 적극적이지 못한 것 아닐까요? 아닙니다. 자기 자신을 보는[自看] 것은 소극적인 것이 아니라 적극적인 것입니다. 육신의 눈으로 자기를 들여다보는 육안肉眼이 어느 정도에 이르면 천안天眼이 생겨나고, 이 천안이 밝아지면 천상천하를 모두 볼 수 있으며, 천안에 장애가 없다면 극락세계도 능히 볼 수 있게 됩니다. 그리고 이 천안에서 한 걸음 더 나아가 나 자신의 마음을 볼 수 있으면 혜안慧眼이 밝아져 내가 없어지고 생사가 일시에 공이 되어 능히 삼계로 나아갈 수 있습니다. 또다시 자간自看에서 한 걸음 더 나아가면 법안法眼이 나타나서 일체법을 모두 알게 되고, 육도만행六度萬行과 팔만사천법문을 명백하게 이해할 수 있게 됩니다. 그런 다음 불안佛眼의 경지에 이르

28　회광반조廻光返照는 ①선종禪宗의 용어이다. 언어와 문자에 의지하지 않고, 자기의 심성을 되돌려 밝은 빛으로 비추어 보는 것을 말한다. ②도가의 수련법이다. 『참동계주參同契註』에 '사람은 능히 회광반조할 수 있다. 날숨은 미미微微하게 하고 들숨은 면면綿綿하게 하여 중간에 끊어지지 않게 하면, 심기心氣가 근원으로 복귀하여 점차 입유화정入柔和定하고 호흡이 없어져 약물藥物이 저절로 모이게 된다'라고 하였다.

게 되면 깨달음의 경계를 보는데, 이른바 32상[29]과 80종호[30], 10력[31]과 4무소외[32], 18불공법[33]과 대자대비, 그리고 대희대사大喜大捨하는 깨달음의 공덕이 하나하나 모두 명료해집니다.

만약 우리 눈이 스스로를 볼 수 있다면, 바깥 경계를 보지 않고도 능히 오안(五眼, 육안·천안·혜안·법안·불안)을 두루 갖출 수 있는

---

29 32상三十二相은 부처의 몸에 갖춘 32표상標相을 말한다. 32대인상大人相이라고도 하며, 이 상을 갖춘 사람은 세속에 있으면 전륜성왕轉輪聖王이 되고 출가를 하면 부처가 된다고 한다. 먼저 몸이 깨끗하고, 단정하며, 반듯하여 기울어지지 않고, 자색을 띤 금빛이 나며, 뼈마디가 고리로 연결되었고, 모든 털구멍에서 향기가 나며, 목 뒤로 둥근 광명이 있고, 빛이 몸에 밝게 비친다. 눈에서 광채가 나고, 머리칼이 푸른 금빛이며, 얼굴이 달과 같이 둥글고, 눈썹이 초승달 같다. 미간에 백호가 있고, 귓바퀴가 어깨까지 늘어진 상이다.(…) 중생을 평등하고 유익하게 하며, 악한 중생도 보면 기쁘게 하는 상이다.

30 80종호八十種好는 80수형호隨形好의 약칭으로 붓다의 몸에 갖추어진 32상에 따라서 생기는 80가지의 좋은 형상이다.

31 10력十力은 붓다에게만 갖추어진 열 가지의 지혜와 능력이다.

32 4무소외四無所畏는 두려움을 없게 하는 붓다의 네 가지 설법이다. ①일체지무소외一切智無所畏: 일체 지인을 위하여 두려움을 없애는 설법. ②누진무소외漏盡無所畏: 일체 번뇌를 끊어 두려움을 없애는 설법. ③장도무소외障道無所畏: 미혹과 장애를 설하여 두려움을 없애는 설법. ④고도무소외苦道無所畏: 계·정·혜 등 고통을 사라지게 하는 정도正道로 두려움을 없애는 설법이다.

33 18불공법十八不共法은 붓다에게만 있는 공덕으로 성문·연각의 이승이나 보살과는 함께하지 않는 특별한 법을 말한다.

것입니다. 그렇기 때문에 반야는 밖에서 구하는 것이 아닙니다. 반야는 자기 자신을 살펴보는 자간自看이고 자기 자신을 돌이켜 보는 자견自見인 것입니다.

옛날에 5조 홍인 대사가 6조 혜능 대사[34]에게 법을 전할 때, 육조

---

34 육조 혜능(六祖慧能, 638~713)은 당唐 고종·중종 때의 선승으로 중국 선종사의 제6조이다. 영남 신주新州 출생으로 속성은 노盧씨이다. 어려서 아버지를 여의고 땔나무를 팔아 홀어머니를 봉양했다. 어느 날 손님이 묵고 있는 객점으로 땔나무를 가져다주고 나올 때 어느 손님의 "머문 바 없는 그 마음을 일으켜야 한다[應無所住 而生其心]"라는 독송 소리를 듣고, 손님을 찾아가 경의 이름을 묻고 그것을 배울 수 있는 5조 홍인弘忍 대사를 알게 되었다. 며칠 후, 은 10냥으로 노모의 의식衣食을 마련해 주고 황매산 동선사東禪寺를 찾아가 홍인 대사의 제자가 되었다. 어느 날 홍인이 일천여 명의 제자들에게 각기 깨친 경계를 일게一偈로 적게 하고, 이 가운데서 의발衣鉢과 함께 법을 전한다고 하였다. 이때 혜능은 신수神秀를 물리치고 홍인의 법을 전수받으면서 '회懷 자 고을을 만나면 머물고 회會 자 마을을 만나면 숨어라[祖云逢懷則止 遇會則藏]'는 밀부密付를 받고 하남河南으로 은신하였다. 광주 법성사法性寺에 이르러 인종印宗 법사가 『열반경』을 강론하고 있을 때, 꽂아 놓은 깃발이 바람에 흔들렸다. 이때 한 승려는 '바람이 움직인다[一僧云風動]' 하고, 한 승려는 '깃발이 움직인다[一僧云幡動]'라고 하며 시비를 하자 혜능이 나서 그것은 '바람이 움직이는 것도 아니며 깃발이 움직이는 것도 아닌 그대들의 마음이 움직이는 것이다[不是風動 不是幡動 仁者心動]'라고 하여 대중을 놀라게 하였다. 즉 혜능은 '마음'을 현상계를 뛰어넘은 인식론적 직관으로 드러내어 중국 선종사에 큰 획을 그었다. 이후 혜능은 『심경』과 『금강경』으로 수선보림修禪寶林하면서 운수승雲水僧을 제접諸接하는 전통으로 한국불교에 큰 영향을 미쳤다. 그래서 우리나라에서는 육조六祖 대사 또는 조계曹溪 대사라고도 불린다.(退翁性徹 述, 『六祖壇經指針書』, 上)

가 답하기를 "제 자신의 마음에 지혜가 생겨 항상 자성을 떠나지 않는 그것이 바로 복전이온데, 스님께서는 아직도 무엇을 더 찾으라고 하십니까?[弟子自心常生智慧하야 不離自性하니 便是福田인데 未審和尙敎作何務잇고]"라고 하였습니다. 즉 지혜가 자신의 마음으로부터 생겨나 자성을 떠나지 않는 그것이 바로 복전이라 말한 것으로 보아, 육조는 자간自看을 바로 이해했다는 것을 알 수 있습니다. 하지만 자기를 보는 것은 매우 어려운 일입니다. 눈으로 타인을 보는 것은 쉬운 일이지만, 자기가 자기 자신을 바라본다는 것은 매우 어려운 일인 것입니다.

그래서 눈으로 자기 자신을 바라보기 쉽지 않고, 귀로 스스로를 듣는 것이 쉽지 않으며, 마음으로 자기 자신을 깨닫기 쉽지 않고, 생각으로 자기를 인식하는 것도 쉽지 않습니다. 이같이 스스로를 보고[自看] 스스로를 들여다보는 것[自觀]은 결코 쉬운 일이 아니지만 우리는 반드시 이러한 단계로부터 시작해야 합니다.

옛날에 마조 선사[35]에게 석공 혜장石鞏慧藏이라는 제자가 있었는데, 그는 출가 전에 대장군으로서 사슴 사냥을 즐겨 하였습니다. 어느 날 이 장군이 마조의 도량을 지나갈 때 마조가 그에게 누구냐고 묻자, 그는 사냥꾼으로서 사슴을 사냥한다고 말했습니다. 이에 마조가 화살 하나로 몇 마리의 사슴을 잡느냐고 물으니, 그는 화살 하나로 한 마리를 잡는다고 답했습니다. 이때 마조가 "당신은 화살을 쏠 줄 모르는군."이라며 눙치자, 그는 "저는 잘 쏘지 못합니다만, 화상께선 화살을 얼마나 잘 쏩니까?"라고 심드렁하

---

[35] 마조 도일(馬祖道一, 709~788) 중국 중당中唐 때 선종의 승려로 속명은 마씨이고, 한주 집방什邡사람이다. 어릴 적 자주資州의 당화상唐和尙을 은사로 입문하여 유주渝州 원율사圓律師에게 구족계를 받았다. 개원년간(開元年間, 713~741)에 남악 회양(南岳懷讓, 677~744)에게 9년 동안 사사하여 심인을 받고, 그 후 남악을 떠나 건양의 불적령·임천·서리산·공공산·홍주 등지로 전주유화轉住遊化하면서 선풍禪風을 드날렸다. 8백여 명의 입실문인 중 백장회해(百丈懷海, 720~814), 남전보원(南泉普願, 748~834) 등 84인의 대덕승을 배출하였다. 마조 계통의 조사선祖師禪은 수증론修證論이 특징이다. 첫째는 수인증과修因証果의 점수漸修를 부정하는 불수본不修論과, 둘째는 선문답의 형식인 직지인심直指人心의 방편으로 납자衲子 스스로 회광반조하여 언하변오言下便悟의 돈오頓悟를 지향하는 선법이다. 이러한 남악의 선풍은 도일에 의해 천하에 떨치게 되었다. 그는 "자심을 요달하지 못하면 미혹하고 미혹하면 바로 중생이며, 자심을 요달하면 깨달음이니 깨달으면 바로 부처이다[自心不了時卽迷이요 迷卽衆生이며 了時卽悟이니 悟卽佛이라]"라면서 '평상심시도平常心是道'라는 말을 남겼다. 정원貞元 4년인 788년에 80세로 건창 석문산에서 입적하였다. 시호는 대적 선사大寂禪師이다.

게 물었습니다. 마조가 웃으면서 "나야 아주 잘 쏘지."라며 또 능청을부리자 이에 화가 치민 장군은 "그렇다면 화상은 화살 하나로 몇 마리를 잡을 수 있다는 말입니까?"라고 되물었습니다. 마조가 "나는 화살 하나로 한 무리를 잡을 수 있지만, 나를 향해서도 잘 쏘지."라며 계속 어깃장을 놓자 장군이 "당신이나 나나 다 같은 중생인데 어떻게 한 번에 무자비로 여러 생명을 죽일 수 있단 말입니까."라며 호승지벽好勝之癖을 드러내기 시작했습니다. 이때 마조가 "그대는 이미 그러한 생명존엄의 이치를 알고 있으면서 사슴만 쏘아 댈 뿐, 왜 자기 자신을 향해서는 쏠 줄 모르는가?"라며 뇌성벽력 같은 목소리로 꾸짖었습니다. 그때서야 장군은 "제가 제 자신을 쏘고 싶지만, 어디서부터 시작해야 할지 그 시작할 곳[下手處]을 알 수 없습니다."라고 무릎을 꿇고 가르침을 구했습니다.

자, 보십시오! 사슴에게 화살을 쏘는 데도 순서와 절차가 있는데, 자기 자신을 쏘아 물리치는 것에 그 시작할 곳[下手處]을 모르고 있다니! 마조는 "이 사내는 억겁億劫으로 어둠에 싸여 있다 오늘에야 그 과보를 멈추게 되었구나!"라며 지난날의 무지를 깨우치게 하여 다시 태어나게 하였습니다. 즉 자기를 쏘는 데 그 시작할 곳을 알 수 없다면, '지금' '나' '여기'에서 나고 죽는 일[現今生死卽時]도 모르고 있는 것 아니겠습니까! 그래서 무시겁無始劫의 업보와

업장에 쌓인 오랜 어둠으로 한때에만 치우쳐 있다가 이러한 인연으로 그는 마조 선사의 문하로 출가하게 된 것입니다.

여러분은 반드시 알아야 합니다. 만약 번뇌를 끊을 때 하나씩 하나씩 끊어 나간다면 매우 오랜 시간이 필요하지만, 자기 자신을 끊을 수만 있다면 모든 번뇌가 일시에 소멸됩니다. 그렇다면 번뇌는 어디로부터 생겨나는가? 번뇌는 나 자신으로부터 생겨나기 때문에 내가 없으면[无我] 번뇌는 바로 사라지게 됩니다. 그러므로 자기 자신을 보고[自看], 자기 자신을 돌이켜 보는 것[自見]이 가장 오묘한 법문法門이지만, 단지 시작할 곳[下手處]을 모르고 있다는 것입니다. 따라서 반야는 마음을 등지고 바깥을 향하여 구하는 것이 아니라 외경을 등지고 내 안의 마음에서 시작해야 합니다. 즉 내가 존재하고 속하는 세간을 분별하는 총명함에 있는 것이 아니라 내가 없는[无我] 마음을 밝혀야 지혜가 생겨나므로 이 지혜가 자성을 떠나지 않는 그것이 바로 반야인 것입니다.

반야가 있다는 것은 또 어떤 것인가? 바로 반야바라밀인 것입니다. 그렇다면 무엇을 바라밀이라 할까요? 바라밀은 저 언덕에 이른다는 뜻으로 모든 부처와 성인이 있는 깨달음의 땅인 피안彼岸에 이르는 것이며, 열반의 피안에 이르고 보리의 피안에 이르며, 상적광[36]의 피안에 이르는 것입니다. 다시 말해 '우리 모두 자신의 고향 집'으로 돌아가는 것입니다.

생멸 있는 차안, 생멸 떠난 피안

저 언덕인 피안에 이른다는 것은 또 어떻게 이해할 것인가? 이에 대해서는 육조 대사의 해석이 가장 명쾌합니다. 그는 "범어 바라밀은 저 언덕에 이르렀다는 것을 말하고, 생멸을 떠났다는 뜻으로 해석합니다. 경계를 드러내어 생멸이 일어나면 물에 물결이 있는 것과 같으니 이것을 차안이라 하고, 경계를 떠나 생멸이 없으면 물이 막힘없이 흐르는 것과 같으므로 이것을 피안이라 한다"라고 하였습니다.

즉 경계를 드러내어 생멸에 머물면 큰 바다에 파도가 있는 것과 같으므로 차안此岸이라 하고, 경계를 여의어 생멸을 떠나면 바로

---

36 상적광常寂光은 상적광토常寂光土를 말한다. 법신法身이 머무는 정토淨土로서 이상과 현실, 정靜: 寂과 동動: 光이 본래 일체인 세계이다. 그것은 여기와 저기, 차안과 피안을 초월하여 체득되는 진리의 세계로서 생멸이 없는 상주常住의 정토이다.

피안彼岸이라 합니다. 그러므로 반야바라밀을 가지고 생과 멸이 없는 일체법을 들여다보는 것을 '열반피안'이라고 합니다. 만약 내가 세간의 총명함에 매여 생과 멸이 있는 일체법을 본다면, 이것이 바로 생사의 차안인 것입니다. 이 세상에 존재하는 일체 모든 것은 생겨나고 또 없어지는 것이므로 땅덩어리에도 생멸이 있고, 사람에게도 생멸이 있으며, 일[事情]에도 생멸이 있습니다. 또 물에도 파장과 물결이 있어 이 물결과 저 물결이 같지 않듯이, 홍콩도 런던과 같지 않습니다. 그리고 피안에 이르러 경계를 떠나 생멸이 없는 그것이 바로 정토淨土인 것입니다. 즉 물이 막힘없이 흘러 이 물과 저 물이 한 물결을 이루듯이, 극락이 바로 사바요 사바 또한 극락인 것입니다. 이것을 막힘없이 흐른다고 합니다.

반야지혜가 있다면 일체법이 불생불멸함을 들여다보고, 일체법의 청정함이 서로 화합하여 만법이 한 무리를 이루게 되는 그것을 피안에 이르렀다고 합니다. 다시 말해 만법청정萬法淸淨이 바로 바라밀다심波羅蜜多心인 것으로, 마음이 청정하여 생사가 없고 번뇌도 없으며 업장도 없습니다. 이와 같이 피안에 도달한 이후에야 진여심과 청정심, 그리고 열반심을 볼 수 있는 것입니다. 무릇 반야라는 것은 한 물건도 아니요, 일체법을 벗어난 적도 없지만 또한 일체법도 아닌 것이므로 반야는 형상이 없는 것입니다. 이것을 『반야경』에서는 "색이 바로 공이므로 반야 또한 공이요, 색이 무아無我이므로 반야도 무아이며, 색이 다함이 없으므로 반야 또한 다함이 없고, 색이 무너지지 않으므로 반야도 무너지지 않으며, 색이 청정하므로 반야 또한 청정한 것이다. 그리고 수상행식이 청정하므로 반야 또한 청정하고, 수상행식이 무아無我이므로 반야도 무아이며, 수상행식이 공이므로 반야 또한 공인 것이다"[37]라고 하였습니다.

이와 같이 반야는 일체법을 벗어난 것이 아니라, 일체법과 더불어 한 무리를 이루고 있는 것입니다. 그래서 여래가 『반야경』을 22년간 설했던 것입니다. 그것은 반야를 벗어나서는 어떠한 법도 있을 수 없기 때문입니다. 이러한 반야를 통하여 자기를 보고[自看], 스스로를 들으며[自聞], 자기 자신을 깨달아[自覺], 스스로를 비추어서[自照] 배경관심背境觀心을 하게 되면, 내[我]가 없어지므로 생사를 능히 벗어날 수 있는 것입니다.

옛날에 어떤 승려가 유정惟正 선사에게 "스님! 도가 어디에 있습니까?[道在何處]"라고 물었습니다. 선사가 "도는 눈앞에 있느니라

---

[37] "色空故 般若亦空 色无我故 般若无我 色无盡故 般若无盡 色不壞故 般若不壞 色清淨故 般若清淨 受想行識清淨故 般若清淨 受想行識无我故 般若无我 受想行識空故 般若空"(『반야경』)

[道在眼前]."라고 말하자 그는 "도가 눈앞에 있다면, 저에겐 왜 보이지 않습니까?[道在眼前인댄 爲何我不見잇고]"라고 물었습니다. 선사가 "'내'가 있기 때문에 볼 수 없는 것이다.[有我하야 所以不見이라]"라고 하자 그가 다시 묻기를 "'내'가 있어서 보이지 않는다면, 스님께선 볼 수 있는 겝니까?[有我不見이면 和尙還見否아]"라고 하였습니다. 선사는 "네가 있고 내가 있어, 돌고 돌아 보이지 않느니라[有你有我하야 轉轉不見이라]."라고 하였습니다. 다시 그가 "너도 없고 나도 없으면 볼 수 있는 겝니까?[无你无我이면 還見否아]"라고 묻자, 선사는 "너도 없고 나도 없는데 누가 있어 보려 하겠는가[无你无我인댄 何誰求見인가]."라며 몇 마디 말로 깨우치게 하였습니다. 따라서 만약 반야를 구하고자 한다면, '나'라는 '아상我相'을 최대한 덜어내고 뭉개어 내가 없어져야 합니다. 그래야만 바로 실상[38]을 볼 수 있으며, 실

---

38 실상實相, Tattvasya laksannam은 한역漢譯으로 허虛나 가假가 아닌 진실한 모습과 존재방식으로 현실의 있는 그대로의 모습을 의미한다. 불교 이전의 중국에는 없던 말로서 불전을 한역할 때 만들어진 용어이다. 즉 모든 사물의 진실 그대로의 모습, 진실한 본성, 진리, 참된 모습을 말한다. 그것은 평등한 실재實在와 상주불변常住不變의 이법理法이라 한다. 상相은 특질特質이란 뜻으로 진실이라고 하는 생각, 진실의 관념, 본체·실체·진상 등이 본래의 말뜻이다. 원어는 Dharamata이고, 깨달음을 내용으로 하는 본연의 진실을 의미하며, 일여一如·실성實性·열반涅槃·무위無爲 등도 실상실상의 이명異名으로 불릴 만큼 많은 의미를 품고 있다.

상을 보게 되면 지혜가 생겨나게 되니, 이것이 바로 반야지혜인 것입니다.

제 2 장

본론

정종분

관자재보살
觀自在菩薩

어제에 이어 오늘부터 본론[經文]으로 들어가겠습니다.

『심경』에는 무슨 까닭으로 '여시아문如是我聞'이 없으며, 또한 부처가 설한 때[一時]와 장소 등 육종성취六種成就¹가 없는 것일까요? 이것으로 붓다의 설법이라고 증명할 수 있을까요?

당 태종 때 현장 법사²라는 국사가 있었습니다. 성은 진陳씨이고,

---

1 육종성취: 일반적으로 경전의 서분序分에는 '여시아문如是我聞'과 '일시一時', 그리고 붓다가 설한 '장소'와 '청중'이 기록돼 있다. 이 가운데 여시如是는 신성취信成就이고, 아문我聞은 문성취聞成就, 시간은 시성취時成就, 장소는 처성취處成就, 붓다는 주성취主成就, 대고중對告衆은 중성취衆成就로서 경문결집의 6가지 조건을 말한다. 그런데 성일 종사는 『반야심경』에서 이러한 육종성취가 없다는 것에 대해 문제를 제기하여 '600반야를 줄여서 생략한 것'이라는 종래의 인식과 달리하고 있다.

2 현장(玄奘, 622~664)은 중국의 역경승이자 최초의 서역 구법승求法僧이다. 속성은 진陳씨, 하남성 진유陳留 사람으로 형과 함께 낙양 정토사로 출가하였다. 이후 『열반경』은 혜경慧景, 『섭론攝論』은 엄법사嚴法師, 『구사론俱舍論』은 도악道岳 화상에게 배웠다. 하지만 이들의 해석이 서로 달라 정관貞觀 3년(629년) 29세에 홀로 구법의 길을 떠나 북인도의 여러 불적지를 순례한 후, 제반 경전과 불교예술을 연구하였다. 그리고 나란타사那爛陀寺의 계현戒賢으로부터 『유가瑜伽』 『구사론』 등을 배운 후, 정관 19년(645년) 장안으로 돌아왔다. 현장은 17년간 서역의 130여 국을

12세에 형을 따라 출가하였습니다. 그는 출가한 뒤 많은 경전을 읽었는데 그 가운데에는 구마라즙鳩摩羅什³이 번역한 경전이 있었고 다른 법사가 번역한 경전도 있었습니다. 그런데 이해하기 어렵고 의문스러운 법구法句들이 많아 인도로 가서 경전을 구하고 싶은 생각이 들어 혼자 사천성 성도成都로 갔습니다. 그곳에서 우연히 어떤 노화상을 만났는데, 그 스님은 몸에 종기가 생겨 아무도 가까이하지 않았습니다. 젊은 현장만이 측은지심惻隱之心으로 그를 가

견문하고 불사리佛舍利 150립, 불상 9구, 경전 224권, 논장論藏 192권 등 520질 659부를 가져와 홍법사에 봉안하였다. 태종은 현장의 서역 견문을 치하하였고, 현장은 이듬해 7월『대당서역기大唐西域記』를 진상하였다. 그는 경·율·론 삼장三藏에 능통하여『유식唯識』『구사』『인명因明』을 펴는 것에 힘썼다. 역서로는『유가』『대반야경』『해심밀경海深密經』등 75부 1335권이 있다. 이 가운데『성유식론性唯識論』은 규기 자은(窺基 慈恩, 632~682)에 의해 법상종法相宗의 소의경전所依經典이 되었고,『대당서역기』는 혜림慧林과 언종彦宗이『대당대자은사삼장법사전』을 펴내 전해졌다. 인덕仁德 1년 682년 2월에 대자은사大慈恩寺에서 법랍 51세, 세수 63세로 입적하였다.

3 구마라즙(鳩摩羅什, Kumārajīva, 344~413)은 북인도 사람을 부친으로 구차국龜玆國에서 태어나 7세에 출가하여 대승불교에 정통하였다. 384년 요진姚秦의 부견왕符堅王에 의해 중국으로 잡혀온 지 17년 후 장안(서안)에서 요흥왕姚興王의 신임으로 51세부터 6년간 여러 승려들과 함께『법화경』『화엄경』『금강경』『정토경』등 대승경전 300여 권을 한역漢譯하여 삼륜종三輪宗의 개조開祖가 되었다. 특히『반야심경』에서 '色不異空 空不異色 色卽是空 空卽是色'이라는 16자 번역은 대승경전의 요지를 축약한 것으로 현재까지 세계 불교학계에서 높이 평가되고 있다.

까이서 보살폈습니다. 피고름을 닦아 주고 약을 발라 주니 오래지 않아 노화상의 병이 치유되었습니다. 화상은 병을 치료해 준 것에 보답하려 하였으나 보답할 것이 아무것도 없어 경전 한 부를 구술口述하여 전해 주었습니다. 이것이 바로 『심경』입니다.

  이 경은 모두 260자로서 현장 법사는 이를 한 차례 외우고 난 뒤 마음속 깊이 새겨 두었으며, 이후 이것을 번역하면서 한 글자도 고치지 않았습니다. 그리고 구마라즙도 이 『심경』을 번역하였는데, 이름을 『마하반야바라밀다심경摩訶般若波羅蜜多心經』이라 하였습니다. 이 역본에는 '여시아문'과 같은 육종성취가 적혀 있었지만, 노화상이 현장 법사에게 전해 준 것만큼 간결하거나 뜻의 흐름이 명료하지는 않았습니다. 이 『심경』을 현장에게 구술해 준 그 노화상은 과연 어떤 사람이었을까요? 제가 보건대 그는 바로 관세음보살의 화신이었던 것입니다.

  훗날 현장 법사가 경전을 구하러 인도[西天쓰]로 갈 때 8백 리 사막 길을 지나게 되었습니다. 하늘에는 나는 새도 없었고 땅에는 들짐승도 없었으며 인적이리곤 찾을 수 없었는데 요괴들만 들끓었다고 합니다. 이들은 어떠한 경전과 게송을 읊어도 항복받을 수 없었으나, 일념으로 『심경』을 외우니 사악한 마귀와 요괴들이 모두 숨어 버렸다고 합니다. 현장은 이러한 『심경』의 공덕과 위신력으로 천축에서 여러 경전을 구할 수 있었고, 17년 뒤 중원으로 돌아와 국사로 추대되었으며 이후 일의전심一意專心으로 경전을 번역하였습니다. 이 『심경』에서 마음의 위신력은 '관세음보살'⁴이고, 마음의 지혜력은 '대지문수사리보살'이며, 마음이 지닌 법력은 바로 '대행보현보살'이고, 마음속에 품은 원력은 바로 '지장왕보살'인 것입니다.

---

4 관세음보살觀世音菩薩은 범어로 Ava-lokiteśvara이고, 당음唐音으로는 Qansi in bodisti'dlau이며, 음역音譯은 아박로기디습벌라이다. 축법호(竺法護, Dharmaraksa, 231~308)는 '광세음光世音'으로, 구마라즙은 '관세음'으로 번역하였다. 현장玄奘 이후 '관자재觀自在'라 하면서 관자재보살·관음보살·구세보살·대륜보살·만월보살·수월보살·군다리보살이라고도 하며, 시무외자施無畏者·대비성자大悲聖者라고도 한다. 관세음보살은 대자대비를 서원하며 아미타삼존阿彌陀三尊의 좌협시보살左脇侍菩薩이다. 즉 세간 사람들의 고통을 듣고 살펴 구제한다고 할 때는 관세음, 지혜로써 일체법을 관조하여 자유자재로 중생을 교화한다고 할 때는 관자재, 어떤 사람들에게도 두려움 없이 베푼다고 할 때는 시무외자, 그리고 대자대비를 말할 때는 대비성자 또는 구세대사라고 하였다. 이와 같이 중생의 근기에 따라 여러 몸으로 응신應身하는 이 보살은 석가모니 붓다와 같은 역사적 인물이 아니라, 붓다의 깨달음 속에 나타난 교의적 4대 보살[대지문수·대행보현·대비관세음·대원지장] 가운데 한 보살이다. 여기서 성일 스님은 관세음보살을 초자연적인 신앙현상으로 설명하고 있다. 요컨대 관음보살은 요익중생饒益衆生의 상징으로 원시불교 이래 지금까지 구원의 보살로 인식되고 있다. 경전에서는 '보문시현普門示現' 또는 '33응신應身'이라 하는데, 왼손에 쥔 연꽃은 중생이 본디부터 갖추고 있는 불성을 뜻하고, 그 꽃이 핀 것은 불성이 드러나 성불한 것을 뜻하며, 봉우리는 불성이 번뇌에 물들지 않고 장차 성불할 것을 뜻한다. 또 천 개의 눈과 천 개의 손으로 자신의 부름에 대비하고 있다는 천수천안관세음·십일면관음·여의륜관음·마두관음·준제관음 등 6관음으로 일컬어지고 있다.

이 『심경』은 우리의 마음을 밝히기 위한 관음보살의 가르침으로, 범부가 마음을 밝히지 못하면 번뇌가 일어나 업을 짓게 되어 끝없는 생사의 고통을 받게 된다는 것입니다. 그래서 경문의 앞부분에 "관자재보살이 깊은 지혜로써 고통과 차별이 없는 열반의 저 언덕으로 건너갈 때, 오온이 텅 비었음을 비추어 보고, 모든 고통과 액난에서 벗어난다[觀自在菩薩 行深般若波羅蜜多時 照見五蘊皆空 度一切苦厄]."라고 한 것입니다.

이같이 경의 첫 구절에서 우리에게 자기 자신을 자유자재로 살펴야 한다[觀自在]고 가르치는 것은, 자기를 알지 못하면 스스로를 제도할 수 없고, 자기를 알면 스스로를 제도할 수 있기 때문입니다. 특히 중생을 알아야 한다는 것은, 중생심衆生心을 알아야 중생을 제도할 수 있듯이 모든 부처가 자기 자신을 인식하게 되면 중생을 인식할 수 있는 것이므로, 모든 부처가 중생을 제도하여 모두 깨달음을 이룰 수 있게 한 것입니다.

이것을 『화엄경』에서는 "시방의 모든 여래는 다 같은 하나의 법신이니, 한 마음과 한 지혜로 두려움 없는 힘 또한 그러한 것이다[十方諸如來는 同共一法身인댄 一心一智慧하야 力无畏亦然이라]."라고 하였습니다. 시방여래는 모두 하나의 마음으로 두 마음이 없으니, 아미타불의 마음과 석가모니불의 마음이 서로 같은 것이요, 석가여래의 마음과 약사유리광여래의 마음 또한 같은 것입니다. 이와 같이 시방의 많은 부처는 모두 한 마음이지만, 중생심으로 돌아보게 되면 그 마음과 마음이 같지 않습니다. 그것은 중생의 마음이 망령된 마음이기 때문입니다. 이러한 망심妄心이 어찌 서로 같을 수 있겠습니까? 당신은 당신의 망심이 있고, 나는 나의 망심이 있으며, 백 사람이면 백 사람의 망심이 있는 것으로 이른바 사람 마음이 같지 않음은 그 얼굴이 제각각인 것과 같습니다.

그렇다면 무엇을 '관자재觀自在'라 할까요? 병의 증상에 따라 약을 처방하듯이 불법佛法도 각자 근기에 따라 설해야 합니다. 왜냐하면 일체 중생은 무시겁 이래로 자기의 보리심을 등지고 일체의 세간법만을 들여다보게 되는데, 보리심을 등지고 일체법을 보는 것은 대단히 위험한 것이므로 자유자재를 얻지 못하고 그 법에 속박되어 버리게 됩니다. 다시 말해 보리심을 떠나 색色을 보면 색이 드러나 색에 속박되어 자유스럽지 못하고, 보리심을 떠나 소리[聲]를 들으면 그 소리에 오염되거나 묶여 자유롭지 못하며, 보리심을 떠나 냄새[香]를 맡으면 그 향기에 이끌려 말을 타고 가다가도 말에서 내리게[聞香下馬] 됩니다. 또한 보리심을 떠나 말을 하게 되면 언어와 문자가 드러나게 되어 자유롭지 못하고, 보리심을 떠나 촉감을 느끼면 그 감촉을 탐하여 촉진觸塵에 묶이게 되니 자유자재를 얻지 못하게 됩니다.

그렇다면 이러한 허물은 어디에서 시작되는 것일까요? 모두 자기의 마음을 등지고 일체법만을 들여다보기 때문에, 일체법이 드러나게 되어 거기서 자유롭지 못한 것입니다. 만약 일체법을 등지고 자신의 마음을 들여다볼 수 있다면 마음이 밝아져 법이 텅 비워지므로 일체법으로부터 자유로워집니다. 그러므로 관자재보살의 '관觀'[5] 자는 우리에게 세간의 일체법을 보라는 것이 아닙니다. 만약 황금을 보면 도심盜心이 일어나고, 색을 보면 색심色心에 집착하며, 명예를 보면 공명심功名心를 얻고자 하므로 이 경계를 벗어나야 합니다. 즉 삼계의 경계를 떠나 육진[6]의 경계와 인천人天의 경계를 모두 여의고, 또 눈앞의 경계까지도 벗어난 뒤 자기의 마음을 들여다

---

5 관觀, Vipaśyanā은 망혹妄惑을 관찰하여 허망이나 미혹을 잘 분별하여 보는 것이다. 지止, Śamatha의 상대되는 말로 허망·번뇌·제법의 현상이나 본질 등을 명확히 규명하고 진리를 체달하는 것이다. *일반적으로 '관觀'의 자의적字義的 해석은 의미 요소인 '보다'의 뜻인 '견見'에 발음 요소인 '황새 관雚'이 더해진 글자로, 눈을 크게 뜨고 자세히 본다는 것에서 '자세히 보다'의 뜻을 나타내었다. 『설문해자說文解字』에서는 '살펴보다[諦視也]'라고 하였다. 그런데 불가에서의 '관'은 객관적 대상을 마음으로 보는 것을 말한다. 예컨대 『심경』의 첫 구절에 나오는 관세음보살은 석가모니부처가 사리불에게 가르치는 대목에서 객관적인 대상으로 인용하였고, 관세음보살의 명칭 또한 세상의 소리를 객관적인 대상으로부터 듣고 반야의 자유자재한 위신력을 나타낸다는 것이다. 그러므로 이 글을 읽는 사람 역시 자신의 마음을 객관적인 대상으로 삼아서 관조觀照하고 관행觀行해야 한다는 뜻이다. (역자 주)

6 육진六塵은 육경六境, 즉 여섯 가지 대상을 말한다. 색色·성聲·향香·미味·촉觸·법法의 육경은 육근六根: 眼·耳·鼻·舌·身·意을 통하여 몸속에 들어가서 우리의 정심淨心을 더럽히고 진성眞性을 덮어 흐리게 하는 티끌이므로 진塵이라 한다.

보게 되면, 들여다본다는 그 마음조차도 없어지게 됩니다. 그래서 마음이 텅 빈 적멸의 경지가 되므로, 일체법은 환상과 같고 그림자와 같아져 일체법에서 자유로워진다는 것입니다.

행심반야바라밀다시
行深般若波羅蜜多時

대자대비하신 관세음보살이 말했습니다.

"내가 만약 칼산을 향하면 칼산이 절로 무너지고, 화탕지옥火湯地獄을 향하면 화탕지옥이 절로 고갈되며, 지옥을 향하면 지옥이 절로 소멸되고, 아귀세계를 향하면 아귀세계는 절로 배부르게 된다. 내가 아수라를 향하면 악심惡心이 절로 조복되고, 내가 짐승세계를 향하면 축생이 절로 대지혜를 얻게 된다."[7]

---

[7] "我若向刀山 刀山自摧折 我若向火湯 火湯自枯渴 我若向地獄 地獄自消滅 我若向餓鬼 餓鬼自飽滿 我若向修羅 惡心自調伏 我若向畜生 自得大智慧"(『法華經』「觀世音菩薩普門品」上.)

이와 같이 관음보살의 마음으로 들여다보면 일체법에서 자유로워집니다. 그래서 '관자재'라고 말한 것입니다. 이것을 「관세음보살보문품」에서 다음과 같이 말했습니다.

"가령 나쁜 생각이 일어나 큰 불구덩이에 떨어지더라도 관세음보살을 염원하는 위신력에 의해 불구덩이가 변하여 연못이 된다[假使興害意 推落大火坑 念彼觀音力 火坑變成池]"라고 하였으니 이것은 불구덩이에서 자유로워진다는 것입니다.

"혹은 큰 바다에 표류하여 용이나 물고기 등 어떤 괴물을 만나더라도 관세음보살을 염원하는 위신력으로 파도에 휩쓸리지 않는다[或漂流巨海 龍魚諸鬼難 念彼觀音力 波浪不能沒]."라고 하였으니 이것은 물에서 자유로워진다는 것입니다.

"혹은 임금의 어지러운 정치로 감옥에서 죽음에 이르게 되더라도 관세음보살의 위신력에 의해 칼날이 조각조각 부서지게 된다[或遭王難苦 臨刑欲壽終 念彼觀音力 刀尋段段壞]."라고 하였으니 이것은 임금의 액난으로부터 자유로워진다는 것입니다.

"혹은 도적들이 들어와 칼로 겁박하더라도 관세음보살을 염원하는 위신력이 모두에게 두루 미쳐 자비심이 생겨나게 된다[或値怨賊繞 各執刀加害 念彼觀音力 咸卽起慈心]."라고 하였으니 이것은 도적들로부터 자유를 얻게 된다는 것입니다.

이와 같이 관세음보살은 갖가지 어려움으로부터 자유로울 뿐 아니라, 탐심과 진심과 어리석음의 삼독三毒에서도 자유로워지며, 또한 관세음보살의 성호聖號를 받아 지닌 사람도 자유로워진다는 것입니다.

"또 만약 어떤 여인이 남자를 구하려고 관세음보살을 예배하고 공양하면 바로 지혜와 복덕을 갖춘 남자가 나타나게 되고, 만약 어떤 남자가 여인을 구하려 한다면 요조숙녀가 나타나게 된다[若有女人 設欲求男 禮拜供養觀世音菩薩 便生福德智慧之男 若有男人 設欲求女 便生端正 有之女]"라고 하였으니 이것은 남자를 구하든 여자를 구하든 이 또한 자유로워진다는 것입니다.

또 어떤 사람이 관세음보살에게 공양하게 되면 항하사 모래알같이 많은 보살에게 공양하는 것과 같은 공덕을 받아 지니게 되므로, 이른바 모든 것으로부터 자유로워집니다. 이에 어떠한 몸이라도 깨달음을 이루게 되어 즉시 어떤 몸을 나타내어서 설법하게 되니 모든 몸으로부터 자유로워지는 것입니다.

또 어떤 사람들은 '관자재'를 '자기의 존재를 들여다본다'라고 해석하기도 합니다. 그렇다면 '자기'라는 것은 또 무엇일까요? 자기는 자기 자신을 알아야 합니다. 자기는 중생이고, 중생은 다만 부처에 미혹되어 있기 때문에 중생을 알면 바로 부처를 알 수 있습니

81

다. 부처가 중생을 미혹시킨 것이 아니므로 중생을 제도하면 미혹이 없어지고, 미혹이 없어지면 바로 부처를 보게 됩니다. 이와 같이 부처는 중생에서 이루어지기 때문에, 반드시 중생을 알아야 합니다. 즉 찐빵이나 만두 같은 음식은 밀가루로 만들어지기 때문에 반드시 밀가루를 알아야 하는 것과 같습니다.

다음 문장 '오온을 비추어 보니 모두 텅 비었다[照見五蘊皆空]'에서 오온[8]은 바로 색色·수受·상想·행行·식識을 말합니다. 그렇다면 조

---

8 오온五蘊은 노·불老佛의 용어로서 오취온五取蘊·오음五陰·오상五象이라고도 한다. 요컨대 인간의 존재를 다섯 가지 요소로 분석한 것으로 '온蘊'은 부분부분과 부문부문의 뜻에 가까우며, 근간根幹의 의미로 해석하기도 한다. 불가의 해석에는 집적集積·집합체集合體 등을 뜻하나, 한역으로는 '모아 쌓은 것' '화합하여 모인 것'을 말한다. 즉 색色·수受·상想·행行·식識의 다섯 가지 기능으로 구성되어 있다. ① '색온色蘊'은 인간의 신체를 말하고, ② '수온受蘊'는 감수感受작용을 말한다. 여기서 '수'는 외계의 자극에 의해 생기는 감각과 지각·인상 등을 받아들이는 것이다. ③ '상온想蘊'은 표상작용을 말하며 감수한 것을 색이나 형태로 생각해 내고 개념화하는 것으로 그 대상은 외계뿐 아니라 기억도 포함된다. ④ '행온行蘊'이란 의지작용을 말한다. 대상의 의지에 따라 적극적으로 활동할 수 있는 작용, 혹은 잠재적인 형성력을 가리킨다. ⑤ '식온識蘊'은 식별작용으로 대상을 구별하고 인식하는 것이다. 또 마음작용 전체를 통괄統括하며 마음을 가리키는 영역도 있다. 다시 말해 인간은 이같이 물질적[色]인 측면과 정신적[受·想·行·識]인 측면으로 이루어진 것이지만, 그것이 자아自我에 대한 취取, 즉 집착의 원인이라는 뜻에서 오취온이라고 부른다. 또는 오온이 모든 존재를 의미하는 경우도 있어서 색은 물질 일반을 말하고, 행은 수·상·식 이외의 심활동 전체를 포함하는 것으로 해석된다.

견오온개공을 어떻게 해야 할까요? 반야의 힘을 사용해야 하는데, 이 반야라는 것은 밖에서 구하는 것이 아니라 안으로부터 드러나는 것입니다. 즉 자기가 바로 오온인 것입니다. 그러므로 이 오온이 텅 비게 되면 모든 고통과 액난을 제도하게 되지만, 만약 오온에 덮여서 교폐交蔽돼 버리면 자기 자신을 알지 못하게 됩니다. 즉 사람마다 염불을 하지만 저 부처를 염원하는 사람이 누구인가를 알지 못하는 것은 오온에 덮여 교폐돼 버렸기 때문입니다. 그래서 반야의 힘을 더해야 하는데 이것을 이른바 '깊은 반야바라밀다를 행할 때, 오온을 비추어 보니 모두 텅 비었다[行深般若波羅蜜多時 照見五蘊皆空].'라고 한 것입니다. 요컨대 이 '심深' 자는 매우 중요한 것으로 대승에서는 '심반야深般若'라 하고, 소승에서는 '소반야小般若'라 합니다. 그러나 제가 알고 있는 이 '심반야'는 대승의 반야를 가리키

하지만 인간은 자신 안의 중핵中核이 되어 스스로를 지배하고 있다는 실체로 상정하고, 그것에 집착하면서 욕망과 현실의 괴리로 불안해진다. 인간은 생멸하는 존재이다. 이 같은 사실에서 우리는 무상이라고 규정하나 상주常住를 구하려는 미혹에 매달려 있어 고통이 일어난다. 하지만 그것이 상주불멸의 자아가 아님을 인식하게 되면, 고품에서 벗어날 뿐 아니라 색色 내지 식識도 무상無相임을 알게 된다. 무상한 것은 고이고, 고는 내가 아니다[非我]. 내가 아닌 것은 나의 것이 아니고, 나의 것도 나의 것이 아니며, 나의 자아自我도 나의 것이 아니라고 인식할 때, 이른바 무아無我와 반야지般若智로 발전하게 된다.

는 것으로, 반야란 반드시 깊고 깊어야 하는 것입니다.

우리가 부처를 염원할 때 그 부처는 어디로부터 나오는 것일까요? 여러분은 자신을 잘 살펴보아야만 합니다! 보고 또 보아서 더욱 깊이 마음의 밑바닥까지 보는 것은 결코 쉽지 않습니다.

그래서 여래[9]는 '오는 바도 없고, 가는 바도 없으므로[无所從來이오

---

9 여래如來, Tathāgata는 수행을 완성한 사람에 대한 호칭으로 불가뿐 아니라 고대 인도의 여러 종교에서도 사용되었다. 불가에서는 부처의 호칭이지만, 과거의 모든 부처에 대해서도 사용되었다. 특히 대승불교에서는 중생 제도의 측면에서 본 부처의 다른 이름으로 불린다. 범어 'tathāgata'의 본래 뜻은 명확하진 않지만, 자이나耆那, Jaina교의 고층성전에는 '윤회를 뛰어넘은 해탈자로서 다시 인간세계에 태어나지 않는다'라고 설명되어 있다. 원시불전에서도 동의어로 사용된 것으로 보아 본래 뜻은 불교와 자이나교의 모체인 유행사문遊行沙門들 사이에 사용되었던 것으로 보인다. 'tathāgata'는 복합어로서 'tatha+gata' 또는 'tatha+agata'로 분절된다. 즉 불교의 전개와 더불어 'tatha'는 진여·진리의 의미가 되고, 'gata'의 가다·이해하다는 의미와 'agata'의 이르다는 의미가 결합하여 ①진리에 이르는 자 ②진리로부터 온 자로 해석한다. 따라서 여래에는 부처의 깨달음과 중생 제도라는 의미가 포함되어 있다. 서장어西藏語, de bzhin gshegs pa는 ①의 뜻으로 해석하지만, 한역불전에서는 ②의 해석에 따라 여래로 번역하였다. *여래십호如來十號는 붓다의 여러 측면을 표현하는 10가지 이름으로 불린다. ①진리의 체현자體現者. ②응공대상자應供對相者. ③정변지자正遍智者, 바르게 완전히 깨달은 자. ④명행족明行足, 지혜와 자비의 실천자. ⑤선서善逝, 깨달음의 경지에 이른 자. ⑥세간해世間解, 인간사 모두를 아는 자. ⑦무상사無上士, 최상의 인격자. ⑧조어장부調御丈夫, 사람을 이끌어 교화하는 마부. ⑨천인사天人師, 인천의 스승. ⑩붓다佛, buddha·세존世尊, bhagavat 등의 10종이다.

亦无所去래)' 여래라고 한 것입니다. 그러므로 우리가 염불을 할 때 '저 염원하는 사람이 누구인가'를 보는 것, 또한 오는 곳은 없으나 오직 그곳[心]으로부터 나온 그것[我]을 살펴보고, 그곳[心]을 계속 들여다보아야 하는 것입니다. 즉 모든 법은 온 곳이 없으므로 온 곳을 볼 수 없습니다. 그러나 만약 온 곳이 있다면 여래는 온 바가 없는 것이 아니라, 온 바가 있는 것이 됩니다. 하지만 이미 여래가 무소종래无所從來이고 부처 또한 무소종래라 하므로 이미 온 곳이 없다고 하는 것은 매우 심오한 것입니다. 그러므로 깊은 심반야에는 그 바닥이 없는 것입니다.

비록 부처가 어디로부터 왔는지를 알지 못한다 하더라도, 오로지 어떤 한 세계[境界]로 들어가게 되면 이 혼탁한 세상은 바로 공空이 되어, 여러분은 어떤 것이라도 보게 됩니다. 즉 염불하는 누군가를 보거나, 또는 부처에게 절하는 자기를 보거나, 또는 강설하고 있는 자기 자신을 보거나, 또 어디로부터 왔는가를 보게 되고, 또한 죽어서 어디로 가는가를 알게 됩니다. 이같이 알게 되면 일체 법 모두는 온 곳이 없으니 '아- 반야란 참으로 깊고도 깊구나!'라는 탄성을 지르게 됩니다. 그래서 '반야'를 '심반야'라고 말하는 것입니다.

어떤 선근을 지닌 사람이 선禪[10]을 하게 되면 몸이 공해져 그에게 일어나는 슬픔과 두려움이 모두 사라져 없어지게 됩니다. 하지만 육신은 비록 오온육식을 벗어나 텅 비워졌으나, 마음의 바탕은 여전히 비워지지 않은 것 아닌가요! 몸이 공해지면 바로 마음이 드러나게 되는데, 그때 여러분이 다시 그 마음을 들여다보면 마음에는 헤아릴 수 없는 많은 망상이 존재하고 있음을 보게 됩니다. 여러분이 이러한 망상을 직시하면 끝없이 일어나던 망상이 끊어지게 되므로, 이때 바로 여러분의 열반심이 드러나게 됩니다. 그래서 심반야 중에 있는 자유자재한 관세음보살이 '조견오온개공照見五蘊皆空'이라고 일러 준 것입니다.

이같이 오온이 바로 중생이고 오온이 바로 자기 자신이므로, 여러분이 만약 자기 자신을 알았다고 생각하면 자신이 바로 오온이

---

10 "선이란 무엇인가? 선禪을 선이라 하면 선이 아니요, 선을 선이 아니라 하더라도 선이 아니다. 그러므로 선禪은 선이면서 선이 아니요, 선이 아니면서 선이다. 왜냐하면 선禪은 선 자체가 공空하여 이름과 형상이 없고, 능히 모든 것을 이루는 것이니 이름과 모든 것 그대로가 선이다. 고로 만법萬法의 왕이 되고, 만행萬行의 으뜸이 되어 만법·만행·만사·만물 그대로가 선의 묘용妙用이며 드러남이다. 삼세제불도 이 한 가지, 이것을 설함이요, 일대장교一大藏敎의 교시敎示함도 이것을 보임이요, 모든 사람의 미망迷妄함이 이것을 미迷함이요, 천하납승天下衲僧이 참방參訪함도 이것을 참參함이다." (경봉 대선사, 『원광한화圓光閒話』'일편편화一片片話' p.177)

되는 것입니다. 여기서 '온蘊'이란 '덮어씌우다'는 뜻으로, 오온이 불성을 덮고 보리심이 오온에 의해 교폐돼 버리니 반드시 오온을 걷어 비워 내어야만 비로소 보리심이 드러나게 됩니다. 그러므로 지금 드러난 이 마음을 우리는 망상심이라 할 뿐 보리심이라 하지 않으며, 또한 도심道心이라고도 하지 않습니다. 그래서 너와 나[人我]를 나누고, 옳고 그름[是非]을 따지며, 명예와 이익을 탐하는 마음이라 합니다. 따라서 오온이 비워졌을 때 보리심을 볼 수 있고, 이러한 보리심이 닦는 마음을 일으켜 올바른 수행으로 이끌어 깨달음을 이루게 되는 것입니다.

극락세계에 태어나는 것도 이 오온이 비워져야만 합니다. 즉 겁탁劫濁이 색온色蘊이고 번뇌탁煩惱濁이 바로 상온想蘊이며, 견탁見濁이 수온受蘊이고 중생탁衆生濁이 행온行蘊이며, 명탁命濁이 식온識蘊입니다. 그러므로 이 오온과 오탁[11]이 비워져야만 극락세계에 이르

---

11 오탁五濁, Pañca-kaṣāya은 오재五滓·오혼五溷이라고 하며, 생명의 흐린 모습을 다섯 종류로 분류한 것이다. 『법화경』「방편품」제2에 오탁으로 겁탁劫濁·번뇌탁煩惱濁·중생탁衆生濁·견탁見濁·명탁命濁을 들고 있다. 겁탁은 사람의 수명이 점차 감하여 30·20·10세로 되면서 기근과 전쟁이 일어나서 흐려지는 재액災厄이고, 번뇌탁은 사람의 마음이 번뇌로 가득 차서 흐려짐이며, 중생탁은 사람이 악행을 행하여 인륜과 도덕이 떨어지는 결과를 두려워하지 않는 것이다. 견탁은 말법시대에 이르러 사견邪見과 사법邪法이 일어나 부정한 사상이 넘쳐서 흐려짐이고, 명탁

게 되어 자기 안에 있는 아미타불인 자성미타自性彌陀를 볼 수 있고, 그렇게 비워졌을 때 마음이 바로 정토[唯心淨土]가 됩니다.

석가모니불이 설한 일체 경전은 모두 우리가 오온에서 벗어나는 것을 가르쳤으니 『심경』이 바로 이와 같습니다. 『아미타경』에서는 오탁을 여의는 것이 바로 오온을 비우는 것이라 하였고 『묘법연화경』에서는 오백 유순[12]을 지나야 보배로운 궁전에 도달한다고 하였는데, 오백 유순 또한 오온입니다. 그리고 『해심밀경』에서는 '팔식을 비워 내고 팔식을 전변시켜 사지를 이룬다[空八識하고 轉八識하야 成四智라]'라고 하였는데 이 팔식도 바로 오온입니다. 따라서 눈·귀·코·혀·몸의 다섯 가지 식은 감각으로 받아들이는 수온受蘊이고 이에 대한 다섯 가지 더러움[五塵, 色·聲·香·味·觸]은 형상이 있는

은 인간의 수명이 점차 단축되어 10세에 이르는 것이다. 이 오탁사상은 불교의 말법사상과 연관이 있고, 태고적일수록 인간세상은 완전한데 후대로 내려오면서 인심은 악화되고 흐려진다고 본다. 뒤에 이 사상은 중국에 널리 보급되었고, 다시 일본에 들어가서 신가한 사회관으로 나다나 타력징토문他力淨土門을 발생시키는 계기가 되었다. *일본에는 정토오종淨土五宗이 주류를 이룬다.

12 오백 유순五百由旬은 5백 요자나yojana의 먼 거리를 말한다. 『법화경』「화성유품化城喩品」에 '오백 유순의 험난함을 넘어 보소寶所가 있다'고 하였다. 중국 천태종의 개조인 수隋의 지의(智顗, 538~597) 대사는 이것을 '상적광토常寂光土'라 하였고, 삼론종인 수의 길장(吉藏, 549~623) 대사와 법상종의 개조인 초당初唐의 규기(窺基, 632~682) 선사는 참다운 '열반'이라 하였다.

색온色蘊이며, 제6의식[13]은 생각으로 받아들이는 상온想蘊이고 제7 말나식은 변화가 심한 행온行蘊이며, 제8아뢰야식은 명확하게 식별하는 식온識蘊입니다. 그러므로 팔식도 바로 오온인 것이지요. 이와 같이 '유식唯識'에서 우리에게 팔식을 전변시켜 사지를 이룬다고 가르치는 것은, 우리에게 이름과 형상이 무엇인지 분별하라고 가르치는 것이 아닙니다. 팔식을 전변하는 것이 바로 오온을 비우는 것이므로 사지四智[14]가 바로 불성이고 또한 보리심인 것입니다.

---

13 육식六識, Sad-vijnanani, Sad-vijnama은 안·이·비·설·신·의 육근六根이 육경六境: 色·聲·香·味·觸·法에 의하여 보고[見]·듣고[聞]·냄새 맡고[臭]·맛보고[味]·느끼고[觸]·아는[知] 여섯 가지 요별작용了別作用으로서 안식·이식·비식·설식·신식·의식을 말한다. 특히 제6의식은 선악과 미추, 총별總別과 애증愛憎을 요별하기 때문에 소승에서는 제6식을 마음의 왕으로 삼는다. 하지만 대승에서는 6식에서 나아가 제7말나식末那識 manas, 제8아뢰야식阿賴耶識, ālaya-vijmana, 제9아마라식阿摩羅識, amala-vijñana까지 설명하고 있다. *제9아마라식에서 아마라는 청정무구淸淨無垢의 뜻으로 청정식·무구식이라 하고, 또 진여식眞如識이라고도 한다. 전육식, 제7말나식, 제8아뢰야식을 모두 염위染位, 迷惑境界로 보고, 이와는 별도로 정위淨位, 悟性境界의 식을 세워 아마라식이라 한다. 불교 관념론적 철학은 진리[客觀]와 관념[主觀]을 같이 하여 유심론적 입각지立脚地로부터 만유제식현기萬有諸識現起의 직접적인 원인이 되는 변화하는 심식心識 외에 제9 불변의 정식淨識을 말한다. 전8식에서 항상 불변하는 측면인 진여眞如를 식識이라고 이름한다. 아마라식은 '식' 그 자체가 제8아뢰야식 외에 따로 있다고 보는 견해와 아뢰야식의 정위에 불과하다며 식체識體를 따로 두지 않는 견해도 있다.

14 사지四智란 사지심품四智心品으로 유식종에서 말하는 보리의 네 가지 지혜이

그 다음 "행심반야바라밀다시行深般若波羅蜜多時"의 '시時' 자를 해석하면 다음과 같습니다. 모든 법은 '오직 식이 변한 것으로 오로지 마음에 나타난 것[唯識所變 唯心所現]'을 말한 것입니다. 그러므로 이 시時란 과거의 시간과 현재의 시간, 그리고 미래의 시간을 가리킵니다. 이와 같은 과거·현재·미래 모두에 깊은 반야를 행하면[行深般若], 이른바 과거를 얻을 수 없다[過去不可得]는 것은 과거가 바로 반야에 있음이요, 미래를 얻을 수 없다[未來不可得]는 것도 미래가 반야에 있음이며, 또한 현재를 얻을 수 없다[現在不可得]는 것도 바로 현재가 반야에 있으므로, 과거·미래·현재의 모든 시간을 얻을 수 없다는 것입니다. 그래서 '행심반야바라밀다시'라고 합니다.

조견오온개공
照見五蘊皆空

600권의 『대반야경』을 5,149자로 축약한 것이 『금강경』이고, 그 5,149자의 『금강경』을 다시 260자로 압축시킨 것이 바로 『반야심

다. 대원경지大圓鏡智·평등성지平等性智·묘관찰지妙觀察智·성소작지成所作智와 이에 상응하는 심품을 말한다.

경』입니다. 제가 이 『심경』을 지금 다시 한 구절로 요약해서 말한다면, 바로 "오온을 비추어 보니 모두가 텅 비었다[照見五蘊皆空]"라는 구절입니다. 관자재보살이 오온을 비추어 보니 모두가 텅 비어 미래의 보살도 '조견오온개공'이요, 과거의 보살도 역시 '조견오온개공'이요, 현재 불도를 공부하는 사람 또한 '조견오온개공'이니, 우리 모두 이와 같이 '조견오온개공'을 꼭 잡고 가야 합니다. 이 같은 '조견오온개공'을 다시 한 글자로 압축하면 바로 '조照' 자가 아니겠습니까!

'비추다[照]'는 것은 바로 '되돌아 비추어 본다[照顧]'라는 것이니, 사람들은 모두 자기를 되돌아 비춰 보아야 합니다. 예컨대 어린아이를 데리고 길을 나서면 반드시 좌우를 살펴보아야 하는데, 아이의 손을 잡고 살피지 않으면 넘어지거나 잃어버리기도 합니다. 또 길을 갈 때도 살펴보아야 하는데, 살피지 않으면 쇠똥이나 개똥을 밟거나 구덩이에 처박히기도 합니다. 또한 말할 때도 집중하여 살피지 않으면 말실수를 하게 됩니다. 마찬가지로 부처에게 절할 때도 깊이 비춰 보아야 하는데, 잘 비추어 보면 예배하는 바[禮所]와 그 예경의 성질[禮性]이 능히 실체가 없어져 공적空寂해집니다. 그러면 이러한 예경[禮]과 그 이치[道]가 서로 감응하여 어떠한 어려운 생각도 풀어지게 됩니다. 그러므로 정성을 다하여 부처에게 경배하면 그동안 지은 죄가 사라져 모래알처럼 흩어지게 되지요. 또한 경문을 읽을 때 입으로는 읽고 마음으로 깊이 사유하면서 글을 따라 몰입하여 그 뜻을 면밀히 살피면, 경문에 있는 무궁무진한 뜻과 그 이치가 드러나 보이니 이 경문의 도리를 널리 설명할 수 있게 됩니다.

그리고 주呪를 외울 때도 역시 깊이 살펴보아야 하는데, 이 음성이 어디로부터 나오는지를 유추해 보고 만약 능히 살펴볼 수 있으면 이 소리를 따라 바로 삼매경에 들어갑니다[入定]. 이와 같이 선정에 한번 들어가면 이 사바세계는 텅 비워지니 생사의 이 현상계[此岸]에서 열반의 저 세계[彼岸]로 이르게 되고, 사바세계의 예토穢土에서 청정한 비로자나불의 큰 바다[毘盧遮那性海]¹⁵에 이르게 됩니다.

옛적에 한 화상이 있었습니다. 그는 성질이 매우 고약하여 그를 아는 권속과 대중들이 절에서 쫓아내려 하자, 그가 깊이 뉘우치고 인정을 구함으로써 계속 머물 수 있게 되었습니다. 이때부터 그는 묵언수행으로 장경루藏經樓에서 향촉을 밝힌 후, 한 마음으로 '대

---

15 비로자나毘盧遮那, Vairocana는 부처의 진신眞身을 나타내는 칭호이다. 비로사나·노사나 또는 자나라고도 하며, 변일체처遍一切處·변조遍照로도 한역한다. 즉 부처의 신광身光과 지광智光이 법계에 두루 비추어 둥글고 밝은 것을 말하는데, 비로자나성해는 이러한 법신불法身佛의 체성體性을 무한대해無限大海의 큰 바다에 비유한 것이다.

비주'¹⁶를 지니고 밤낮으로 3년간을 염송하였습니다. 또한 대비주 한 글자 한 글자를 그대로 실수실참實修實參하여 마침내 열반의 경지에 이르렀습니다. 이렇게 대비주를 지니고 염송하는 것은 하나의 분별없는 법문으로서 만약 한 글자 한 글자를 따라 나아갈 수 있다면 바로 이 사바세계를 떠나 또 다른 선정의 경지에 들어갈 수 있는데, 이것을 일러 세간에서는 '삼매三昧'라고 합니다.

그렇다면 참선은 또 무엇일까요? 참선은 자기 자신을 더욱 깊이 살펴보는 것으로, 선원에서는 화두를 참구하는 것을 말합니다. 시시각각으로 화두를 되새겨 보아야 하지만, 되새겨 보는 화두를 내가 이해하지 못한다 하더라도 바로 그 '이해하지 못하는 그것'을 되새겨 보아야 합니다. 다시 말해 이해하지 못하고 있는 그것을 모색하고, 이해하지 못하고 있는 그것을 참구하니, 누가 이해하지 못하는 그것을 알지 못하겠습니까! 일체 모든 것을 알지 못하여 사람들이 '멍텅구리'¹⁷라고 비난해도 알지 못하고, 사람들이 질타해

---

16 대비주大悲呪는 천수다라니千手多羅尼를 말한다. 즉 『천수경』에서 설하는 84구의 다라니로서 이것을 독송하면 육신의 중죄를 제거할 수 있다고 한다.

17 불지종찰佛之宗刹 통도사 호국극락선원 조실이었던 경봉 선사(鏡峰禪師, 1892~1982)는 운수승雲水僧을 제접할 때 '멍텅구리'라는 말을 즐겨 썼다. 이것을 한자로 옮겼을 때는 명통구리明通究理라고 하여 많은 수행승들을 격려하였다.(『鏡

도 알지 못하며, 사람들이 명예와 이익을 구해도 알지 못하고, 옳고 그름과 너와 나조차도 알지 못하므로 염불하는 이 사람이 누구인지도 알지 못합니다. 이러한 경지에서 1년을 알지 못해도 무방하고, 2~3년을 알지 못해도 무방한 것이 바로 참선입니다.

저의 은사 스님이신 허운虛雲 화상은 평소 "시신을 끌고 다니는 자가 누구인지를 보라[看拖死屍的是誰]"는 공안을 참구하였습니다. 즉 가도 가는지를 모르는 그것을 알지 못하고, 먹어도 먹는지를 모르는 그것을 알지 못하며, 보아도 보지 못하는 그것을 알지 못하여 마침내 알지 못한다는 그 의심마저 끊어 버리면, 바로 깨달음이 와서 '조견오온개공'이 되는 것입니다. 그래서 오온이 모두 공하면 반야가 되고, 이 반야가 바로 불성인 것입니다.[18]

峰大禪師 禪書畵集』, 護國極樂禪院刊, 1980 참조)

18 불가의 공안참구公案參究와 유가의 조존사망操存舍亡의 차이점은 다음과 같다. 『대학』 전7장 「정심수신장」에서는 "이른바 수신은 그 마음을 바르게 하는 데 있다. 마음에 노여움이 있으면 그 바름을 얻지 못하고, 두려워하는 바와 즐거워하는 바와 근심하는 바가 있으면 그 바름을 얻지 못한다. 고로 마음이 바르지 않으면 보아도 보지 못하고, 들어도 듣지 못하며, 먹어도 그 맛을 알지 못한다. 이를 일러 수신은 그 마음을 바르게 하는 데 있다.[所謂修身 在正其心者 身有所忿懥則不得其正 有所恐懼則不得其正 有所好樂則不得其正 有所憂患則不得其正 心不在焉 視而不見 聽而不聞 食而不知其味 此謂修身 在正其心]"라고 하였다. 즉 유가에서 수신이란 정심正心에 있으며, 정심이란 희로애락을 극복해야만 의취수렴凝聚收斂해서 보수청정保守淸

그러므로 우리는 반드시 힘써 정진해야 하는데, 여기서 이 '조조照'
자의 쓰임은 바로 시시각각으로 자기를 되돌아보는 것입니다. 이때
한 생각이라도 일어나는 것은 모두 살펴서 좋은 생각은 잘 지니고
나쁜 생각은 버려야 하며, 또 우리에게 한 생각이 일어날 때 이 생
각이 어디로부터 왔는가를 비추어 보고, 이 생각이 다시 어디로 가
는지를 살펴보아야 합니다. 만약 자기의 마음가짐을 잘 비추어 보
면 수·상·행·식이 바로 공이요, 만약 자기의 몸까지 비추어 본다
면 육신도 바로 공이 됩니다. 그러나 마음을 비우지 못하면 망상
이 일어났다 없어지기를 계속하면서 큰 망상을 보게 됩니다. 그런
다음에는 큰 망상이 가라앉으면서 작은 망상으로 변하는데, 작은
망상은 물이 흐르는 모양과 같아 그 흐름이 생겼다가 없어지기도
하니, 이것을 옛사람들은 '유주생멸流注生滅'이라고 하였습니다.

이것을 조주 선사[19]는 "세찬 물이 가죽 공을 내리치게 되면 온갖

靜해진다는 것이다. 이같이 유·불 양가의 수심법修心法이 여기까지는 유사하지만,
차이점은 '알지 못하는 그 마음인 부지기심不知其心'도 끊어야만 오온개공五蘊皆空
이 되어 반야가 되며, 그 반야가 바로 불성이라는 인식론적認識論的 개념이다. 다
시 말해 역자가 앞에서 『심경』을 형이상形而上 중의 상학上學이라 한 것은 바로 이
같은 존재론적存在論的 사유와 인식론적 사유에 따른 것이다. (역자 주)

19 조주 선사(趙州禪師, 778~897)는 중국 만당晩唐 때 임제종臨濟宗의 선사로 속
성은 학郝씨이고, 불명은 종심從諗, 법호는 조주의 관음원에 오래 머물렀다 하여

생각이 머물지 못하니, 이것은 마치 폭포와 같아 멀리서 보면 생멸이 없는 것 같으나, 실제로 미세한 생멸은 멈춤이 없다. 그러나 다시 자세히 살펴보면[照顧] 생멸은 이미 없어지고 적멸寂滅이 눈앞에 있으니, 바로 마음이 비워지고 그 비워짐이 차례로 돌아온다"라고 하였으니 온전히 이 '조照' 자에 의거한 것입니다.

따라서 수행을 많이 하는 것만이 능사가 아닙니다. '조견오온개

조주라 한다. 남전 보원(南泉普願, 748~834) 선사의 법제자로 시호는 진제 대사眞際大師이다. 어릴 적 조주의 호통원扈通院으로 출가하였으나 계는 받지 않고, 지양의 남전선원을 찾아가 남전의 제자가 되었다. '남전참묘南泉斬猫' 이후 숭악의 유리단에서 계를 받고 돌아왔을 때 대중이 관음원에 있기를 청하여 그곳에 머물면서 선지禪指를 떨치다가 세수 120세에 입적하였다. '조주무자趙州無字' '조주사문趙州四門' '조주끽다趙州喫茶' '조주삼전어趙州三轉語' 등이 지금까지 동아시아 불교도들에게 공안으로 회자되고 있다. *남전참묘는 남전 선사가 고양이 목을 베었다는 뜻으로 1700공안 가운데 하나이다. 어느날 대중이 고양이 한 마리를 놓고 논쟁을 벌였다. 이를 본 남전이 고양이를 집어 들고 "내가 고양이를 잡은 뜻을 말해 보라. 맞으면 고양이를 살릴 것이고, 틀리면 죽일 것이다"라고 하였다. 대중이 아무도 말을 못하자 남전이 칼로 고양이의 목을 베어 버렸다. 그날 밤 조주가 밖에서 돌아오자 남전이 낮에 대중에게 물은 것과 똑같은 질문을 하였다. 그러자 조주는 아무 말 없이 자신의 신발을 벗어 머리에 이고 밖으로 나가 버렸다. 이를 본 남전이 "만약 낮에 그대가 있었다면 고양이는 죽지 않았을 것"이라 하였다. 여기서 '남전참묘'라는 화두가 생겼는데, 이 화두의 요점은 남전이 고양이를 벤 의도와 조주가 신발을 머리에 얹고 나간 의도가 무엇이냐에 있다. 이 두 사람의 의도를 알면 깨달음의 세계에 한층 가까워지는 것이다.(吳經熊 著, 徐敦覺·李楠永 共譯, 『禪學의 黃金時代』, p.202~203.)

공照見五蘊皆空'에서 바로 이 '조照' 자에 유의해야 합니다. 그렇다면 조照는 무엇일까요? '조'는 자기 자신이요, 자기는 바로 오온입니다. 그러나 어떤 사람에게 오온이 없다고 말하는 까닭은, 오온이란 본래 텅 빈 것인데 미혹될 때는 바로 나타나고 깨달았을 때는 없어지기 때문입니다. 그래서 옛사람이 말하기를 '색온色蘊'은 물방울이 모이는 것과 같고, '수온受蘊'은 물거품과 같아서 괴로움을 받아들이든 즐거움을 받아들이든 매우 빨리 지나가 버린다고 하였습니다. 그리고 '상온想蘊'은 마치 태양빛과 같아서 어떤 망상을 깨뜨리려 해도 실제로 있는 것이 아니며, '행온行蘊'은 마치 파초芭蕉와 같아서 한 겹 한 겹 벗겨 내면 결국에는 없어진다고 하였습니다. 끝으로 '식온識蘊'은 마치 환상의 변화와 같은 것이라고 하였습니다.

도일체고액
度一切苦厄

이와 같이 반야로써 오온이 모두 텅 비었음을 비추어 보면, 삼계 (三界: 色界·欲界·無色界)의 불타는 집에서 벗어나게 됩니다.

사리자
舍利子

이것은 '오온이 텅 비었다[五蘊空]'라는 진리를 풀이한 것입니다. 사리자舍利子[20]는 바로 사리불舍利弗로서 지혜제일존자입니다. 그는 석가모니불이 『심경』을 강설할 때 유일한 대고인對告人에 해당하므로, 붓다가 그를 가리켜 '사리자여!'라며 한 소리로 부른 것입니다.

---

20 사리불舍利弗, Śāriputra은 붓다가 설한 『반야심경』의 유일한 대고중으로서 석존의 성문 10대 제자 가운데 한 사람으로 지혜제일이다. 사리불다·사리자라고도 쓰고, 신자身者·추로자秋露子·아로자鶖鷺子라고도 번역한다. 그는 마갈타국 왕사성 북쪽 나라那羅에서 태어나 처음에는 육사외도(六師外道, 석존 당시 자유사상가들)의 불가지론不可知論·포만론捕鰻論자인 산쟈야散惹耶 비라리자毗羅梨子에게 사사하였으나, 산쟈야가 죽은 뒤 석존의 제자인 아설시阿說示로부터 '12인연법'을 듣고 목건련目建蓮과 함께 석존의 제자가 되었다. 이후 육사외도를 비롯한 고대 인도의 회의론자 및 포만론자들과 논쟁하여 많은 사람들을 불문에 귀의시켰다. 이로 인해 석존의 우면右面제자가 된 사리자는 홀로 원승개오圓乘開悟하였으며, 석존이 『법화경』을 설할 때 그 차례가 선두였다. 미래에 성불하여 화광여래가 된다는 기별이 『법화경』「비유품」에 올랐으나, 석존보다 먼저 입적하였다. 저서로는 『사리불아비담론舍利弗阿毘曇論』을 남겼는데, 줄여서 『사리불비달舍利弗毘曇』『아비담론阿毘曇論』이라 한다.

색불이공 공불이색 색즉시공 공즉시색
色不異空 空不異色 色卽是空 空卽是色

범부에게는 일체의 형색形色이 마음 밖에 있다 하여 '심외유색心外有色'이라 합니다. 이같이 심心과 색色[21]이 둘로 나뉘어 있다고 이해하면 색이 마음으로부터 생겨났음을 알지 못하여 마음을 찾아도 찾을 수 없습니다. 그런데 색을 어찌 찾을 수 있겠습니까! 따라서 색이 바로 공空[22]이므로 색이 공과 다르지 않다[色不異空]라고 하였습니다.

---

21 색色: 『설문』에서는 "사람 얼굴의 기운이다. 얼굴은 양미간의 사이를 말한다. 마음이 활달한 기운에서 기氣가 활발해진 빛이다. 얼굴의 기운은 마음에서 일어나는 대로 나타나는 것과 같다. 이에 따라 그 글자가 사람 인人과 병부卩를 따른 것이다. 『논어』에는 '교언영색' '안색' '난색' '희색' '정색' '호색'이라고 하였다.[顏氣也 顏者兩眉之間也 心達於氣 氣達於眉間是之謂也 顏氣與心若合符卩 故其字從人卩(…) 論語曰 巧言令色 顏色 色思溫 難色 喜色 正色 好色]"(『설문해자』 색부色部.) *불가에서 색色의 넓은 의미는 오온의 색온, 즉 물질 일반을 의미한다. 또 명색名色 중의 색과 같은 뜻이다. 색은 지수화풍의 사대종四大種과 사대소조색四大所造色 두 종류가 있다. 사대소조색이란 사대종에 의해 만들어졌지만, 사대종과는 다르다. 좁은 의미의 색은 안근眼根에 의해 포착된 대상, 즉 오경五境 중의 색경을 말한다. 또 색을 형색形色과 현색顯色으로 나누는데, 형색形色은 눈과 몸으로 느껴 인식하는 물질이며 장·단·방·원·고·하·정·부정의 8종이 있다. 현색顯色은 드러나 볼 수 있는 색체로 청·황·적·백·구름·연기·티끌·안개·그림자·햇빛·밝음·어둠의 12종이 있다.

22 공空: 『설문』에서 "공은 구멍이다. 오늘날 속어로는 공孔이라고도 한다. 하늘과 땅 사이도 또한 하나의 귓구멍이다. 옛날에는 사공司空이 땅을 주재主宰했는데, 『상서尙書』 「대전大傳」에서 '성곽을 고치지 않고, 고랑과 못을 고치지 않고, 우물을

또 범부가 공이 마음 밖에 있다고 생각하면, 공이 바로 일법[23]인 것을 알지 못하여 이 일법 역시 이러한 마음을 떠나지 못합니다. 이같이 공은 마음으로 말미암아 생겨나고 마음으로 인해서 있는 것이니, 마음을 찾으려 해도 찾을 수 없습니다. 즉 마음이 텅 비었기[心호] 때문에 마음으로부터 생겨난 공 또한 공인 것이므로, 공이 색과 다르지 않다[호不異色]라고 한 것입니다.

이와 같이 공과 색은 둘이 아니라 하나이므로 '색즉시공'이라 합니다. 즉 색은 공으로부터 생겨나므로 그 당체가 바로 공인 것이지요. 이른바 "색의 본성 자체가 공이다[色性自호]"라는 것은 색이 멸하여 공이 되는 것이 아니라, 마치 물에 비친 달[月色]과 같은 것입니다. 즉 물에 비친 달은 그림자로서 그 자체가 바로 공이므로 물속의 달이 사라져 공이 되는 것이 아닙니다. 그러므로 '색즉시공'이라

고치지 않아 백성이 물로 인해 폐해가 있다'라고 하였다.[空竅也 今俗語所謂孔也 天地之間亦一孔耳 古者司空主十 尙書大傳曰 城郭不繕 溝池不修 水泉不修 水爲民害]"(『설문해자』 혈부穴部.) *불가에서 공空, śūnya을 텅 빎[洞然]·무無·공적空寂·공정空淨이라고 번역하며, 허무虛無나 멸무滅無와는 다른 실상實相으로 해석한다. 이것을 원효는 '다만 법은 스스로 공할 뿐 색을 멸한 것이 아니며, 사람의 일을 전혀 없다고만 할 수 없으므로 이름하여 공이라 한다[但法自空非色滅이오 非無人故名曰空이래]'라고 하였다.

23 일법一法은 일사一事·일물一物·만법萬法에 대해서 말한 것이다. 일체의 사물이 모두 법칙을 갖추었으므로 법法이라 총칭한다. 일법은 일사물一事物과 같다.

합니다. 또 물속에는 실제로 달이 없으나 하늘에 달이 떠올라 비치어 드러나게 되니, 이것을 일컬어 '공즉시색'이라 합니다. 즉 공의 성품[空性]에서 일체의 형색이 나오고, 일체의 형색은 다시 공으로 돌아갑니다. 이와 같이 일체법은 공으로부터 생겨나 마침내 공으로 돌아가기 때문에 천당도 공이요 지옥도 공이며, 빈부고락과 윤회도 공인 것입니다. 그러므로 '색즉시공 공즉시색色卽是空 空卽是色'이라 한 것입니다.

그러면 이 색과 공을 다시 자세히 설명해 보겠습니다. 무엇을 색이라 할까요? 언어와 문자 및 눈에 보이는 일체의 형상 있는 모든 것을 색이라고 하는데, 어찌 색을 공이라고 합니까? 예컨대 '대비주'는 많은 사람들이 외우고 있기 때문에 '대비주'를 색이라고 합니다. 그러나 한 글자 한 글자를 배워 마음속에 새겨 놓은 후, 다시 내 마음을 들여다보면 '대비주'의 존재는 있는 것일까요, 없는 것일까요? 텅 비어 있어 한 글자도 지니지 못하기 때문에 '대비주'는 공이 되지만, 또한 '대비주'는 색이기도 하기 때문에 '색즉시공'이라 합니다.

이같이 '대비주'는 공이기 때문에 다른 어떤 것도 받아들일 수 있습니다. 하지만 만약 가득 차 있다면 다른 어떤 것을 다시 배울 수도 없고, 다른 경문과 주문을 마음속에 받아들일 수도 없습니다. 그러나 '대비주'가 공이기 때문에 다시 '능엄주'[24]를 배울 수 있고, 한 글자 한 글자에 집중하여 들어갈 수 있는 것입니다. 그런 뒤 다시 자기 자신을 되돌아보게 되면 한 글자도 얻지 못하니, 이것이 바로 공인 것입니다. 이와 같이 '대비주'를 잘 알아도 공으로 돌아가고, '능엄주'를 깊이 알아도 공으로 돌아가며, 『금강경』을 읽고 숙지해도 공으로 돌아가게 되니, 이것이 바로 '색즉시공'을 논증하는 것이지요.

또 이같이 '색즉시공이 공즉시색이라'고 하는 진리는 지금 바로 우리 눈앞에서 이루어지고 있습니다. 붓다의 법도 지금 이루어지고 있으며, 여래도 깨달음으로 지금의 세상을 밝히고 있습니다. 그러므로 불법이란 마음자리[心地]를 밝히는 것이라 하지 창조하는 것이라고 하지 않습니다. 누군가 진리를 밝힌다면 바로 그 사람이 보

---

24 능엄주楞嚴呪는 불정주佛頂呪라고도 한다. 『능엄경』에서 설하는 신주神呪로 총 427구 가운데 끝의 8구를 심주心呪라 한다. 『능엄경』 장수소長水疏에 "이 주는 427구이다. 앞에 있는 제구諸句는 다만 제불보살과 현성賢聖들에게 귀명歸命하는 것과 주로써 기원呪願하여 제악諸惡과 귀병鬼病 등의 어려움을 제거하는 힘을 얻는 것으로, 419까지는 치질타哆姪他이다. 이는 기설주왈旣說呪曰을 말하는 것이며, 420에 '옴唵' 자를 빼 버리면 정주程呪이다. 앞에서와 같이 여섯 번을 행도송주行道誦呪하며, 일시에 108번 송하게 되는데 바로 이 심주心呪를 송하게 된다. 만일 통송通誦하게 되면 뜻한 바 모든 일이 성취된다"라고 하였다.

살이며, 왕후장상이라도 진리를 밝히지 못하면 범부인 것입니다. 이와 같이 불법이란 평등한 것이므로 한 사람이 깨달으면 한 사람이 성불하고, 두 사람이 깨달으면 두 사람이 성불합니다. 또한 먼저 깨달은 사람은 뒤에 깨닫는 사람을 이끌고, 뒤에 깨닫는 사람은 먼저 깨달은 사람에게 배우는 것입니다.

'대비주'와 '능엄주'를 지니고 염불하는 것은 색이지만, 이 색의 성품이 본래 텅 빈 것이므로 색이 공을 멸하는 것도 아니요, 색이 멸하여 공이 되는 것도 아닙니다. 바로 색의 성품 그 자체가 공인 것[色性自空]입니다. 따라서 여러분이 텅 비워져 공이 된 그때 자신을 들여다보게[觀] 되면 "공의 성품 자체가 색이고, 공이 색을 멸한 것이 아님"을 보게 됩니다. 이것은 공이 멸하여 색이 있는 것이 아니라, 공의 성품이 일체의 색에서 저절로 생겨 나온 것이기 때문입니다. 그래서 '색이 공과 다르지 않고 공이 색과 다르지 않으며, 색이 바로 공이요 공이 바로 색이다[色不異空이 空不異色이오, 色卽是空이 空卽是色이라]'라고 한 것입니다.

수상행식 역부여시
受想行識 亦復如是

하나의 법[一法, 色]이 이와 같이 공하므로, 모든 법[受·想·行·識]도 또한 이와 같이 공한 것입니다.

사리자 시제법공상 불생불멸 불구부정 부증불감
舍利子 是諸法空相 不生不滅 不垢不淨 不增不減

이 같은 반야의 공효功效와 쓰임으로 오온이 모두 텅 비었음을 비추어 보고, 오온이 비워졌을 때[五蘊空] 바로 일체의 고통과 액난을 여읠 수 있으며, 고통과 액난이 모두 제도되어 없어진 연후에 모든 법의 청정상淸淨相을 볼 수 있습니다. 이 청정이란 공의 다른 이름으로 모든 법의 텅 빈 모습[諸法空相]을 말합니다.

이와 같이 제법의 본래면목이 바로 공상이고 제법의 실상이 공상이니, 모든 법은 일찍이 공상을 떠난 적이 없습니다. 그러므로 '시제법공상是諸法空相'이라 합니다. 이를테면 생사는 하나의 공상일 뿐인데 미혹할 때는 있다고 여기다가 반야로써 들여다보면 텅 빈 것입니다. 그러므로 생사를 여읜 후에 열반이 있는 것이 아니라 생사가 공이라고 인식하는 그때가 바로 열반인 것입니다. 즉 반야로써 번뇌를 비춰 보면 본래 텅 비었으니, 이 번뇌공煩惱空이 바로 보리이고, 중생 또한 본래 공이기 때문에 실제로 멸도자滅度者[25]를 얻은 중생은 없다는 것입니다. 왜냐하면 모든 법의 실상은 공한 것이므로 일체법은 본디부터 생겨나지도 않고 없어지지도 않으며[不生不滅], 더럽지도 않고 깨끗하지도 않으며[不垢不淨], 늘어나지도 않고 줄어들지도 않기[不增不減] 때문입니다.

다시 여러분에게 묻겠습니다. 모든 법은 생겨남이 없는데 물에 비친 달은 생겨남이 있을까요, 없을까요? 생겨남이 없습니다. 그렇다면 물에 비친 달은 멸함이 있을까요, 없을까요? 멸함이 없습니다. 이같이 물속의 달은 생겨남도 없고 멸함도 없으며, 일체법 역시 생겨남도 없고 멸함도 없는[无生无滅] 것입니다. 또한 물에 비친 달에는 더러움이 있을까요, 없을까요? 없습니다. 더러운 물에도 달은 비치지만 그 물의 더러움에 물들지 않고, 맑은 물에도 역시 달은 비치지만 그 맑음에 물들지 않으므로, 이를 일컬어 '더럽지도 않고 깨끗하지도 않다[不垢不淨]'라고 말한 것입니다.

또한 '늘지도 않고 줄지도 않는다[不增不減]'는 것은, 큰 바다에

---

25 멸도滅度는 열반涅槃, Nirvana를 한역한 말로서 생사일대사生死一大事를 여의어 번뇌의 바다를 건넜다는 뜻이다. 따라서 멸도자滅度者란 번뇌를 여읜 사람을 말한다.

하루 두 차례의 밀물이 들어오지만 바닷물이 늘어나지 않고, 하루 두 차례의 썰물이 빠져나가지만 또한 줄어들지 않습니다. 따라서 중생이 성불할 때에도 불성은 늘어나지 않고, 미처 깨달음을 이루지 못했을 때에도 불성은 줄어들지 않으며, 정토에 태어나도 불성은 청정하지 않고, 지옥에 떨어져도 불성은 오염되지 않습니다. 또 범부가 윤회하여 생사가 있다 하더라도, 불성에는 생겨남이 없고 사라짐도 없으니 마치 허공과 같은 것입니다. 즉 어둠이 가고 밝음이 오더라도, 공의 성품에는 생겨남이 없고 사라짐도 없으며[无生无滅], 더러움이 없고 청정함도 없으며[无垢无淨], 불어남이 없고 줄어드는것도 없는 것[无增无減]입니다.

시고공중무색 무수상행식
是故空中无色 无受想行識

이와 같이 제법의 실상은 공상空相 안에 있으므로 색·수·상·행·식의 오온은 없습니다. 그렇기 때문에 제불여래 또한 결코 색을 드러내지 않으며, 수·상·행·식도 드러내지 않는 것입니다. 이러한 제법의 공상 안에서는 오온을 얻을 수 없기 때문에 제법의 공상 안에는 한 사람의 중생도 있을 수 없습니다. 붓다가 『금강경』 제3 「대승정종분」에서 "모든 중생을 남김없이 제도하였다고 하나, 실제로 멸도를 증득한 중생은 없다[如是滅度無量無數無邊衆生하되 實無衆生이 得滅度者니라]"라고 한 것이 바로 이와 같은 뜻입니다.[26]

다시 말해 제법의 실상 안에서는 색의 형상[色相]을 얻을 수 없고, 색의 성품[色性] 역시 제법의 공상이므로 이 공상 안에서는 색상色相을 얻을 수 없다는 것입니다. 그러므로 '능엄주'와 '대비주'의 글자도 얻을 수 없고, 또한 『금강경』의 경문도 얻을 수 없습니다. 그래서 '공 가운데는 색이 없다[空中无色]'라고 한 것입니다.

이와 같이 색이 없다는 것은 몸이 텅 비었다는 것이요, 수·상·행·식이 없다는 것은 마음 역시 텅 비었다는 것입니다. 이른바 몸과 마음 둘 다를 여의게 되면, 몸과 마음이 텅 빈[身空心空] 깨달음의 경지가 눈앞에 나타나게 됩니다. 즉 우리의 몸이 공하지 않기 때문에 생로병사의 고통이 있고, 마음이 공하지 않기 때문에 생·주·이·멸이 있습니다. 만약 몸이 공하면 생로병사의 고통이 없고, 마음이 공하면 생·주·이·멸이 없어지게 되므로 이렇게 몸과 마음을 둘 다 여의면 불성이 눈앞에 나타나게 되는 것입니다. 따라서 불교를 공부한다는 것은 매우 간단하면서도 매우 객관적이고 또한 매

---

26 "我皆令入無餘涅槃 而滅度之 如是滅度無量無數無邊衆生 實無衆生 得滅度者 何以故 須菩提 若菩薩 有我相人相衆生相壽者相 則非菩薩"(『금강경』 제3 「대승정종분」 하.)

우 현실적인 과제입니다.

무안이비설신의
无眼耳鼻舌身意

'안·이·비·설·신·의'를 육근六根이라 말하는데, 이 '근根'이라는 것은 능히 생긴다는 뜻으로 근은 업을 쌓기도 하고 삶을 윤택하게 도 합니다. 마치 눈[眼]이 형색을 보는 것과 같아서, 색을 그릇되게 보거나 혹은 몰래 훔쳐보면 업을 만들게 됩니다. 예컨대 눈으로 황금을 보면 훔치고 싶은 마음이 생기고, 아름다운 여인을 보면 음탕한 마음이 생기며, 명예를 보면 공명심이 생기고, 음식을 보면 먹고 싶은 마음이 생기기 때문에 안근眼根으로 업이 쌓이는 것입니다.

그러나 육근이 텅 비게 되면 번뇌를 벗어나 청정해지기 때문에 무해식无解識27이 작용하지 않습니다. 이같이 여래의 안근이 텅 비게 되면 육안肉眼과 천안天眼·혜안慧眼·법안法眼·불안佛眼이 생겨나

---

27 무해식无解識은 팔식八識 가운데 하나인 아뢰야식阿賴耶識을 말한다. 줄여서 '무해无解'라고 한다.

오안²⁸을 두루 갖추게 됩니다. 그래서 안근眼根이 공해야 하는데 그렇지 않으면 업을 짓습니다. 이근耳根 역시 이와 같은 것으로 만약 이근이 공하지 않으면 모든 시비와 음란한 말과 노랫가락이 사람들로 하여금 업을 짓게 하며, 비·설·신·의 역시 이와 같습니다. 이른바 여섯 도둑이 모의하여 자신의 보물을 스스로 빼앗는 격으로, 육근이 바로 여섯 도적이 되어 변함없는 깨달음의 성품[眞如佛性]인 내 안의 보물을 빼앗아 가 버리는 것입니다. 그러나 반야로써 깊이 들여다보면 제법의 실상實相이 바로 공상空相임을 보게 되고, 이 공상에서는 '안·이·비·설·신·의조차도 없다[无眼耳鼻舌身意]'는 것을 알게 됩니다. 즉 없음[无]이 아니라 텅 빎[空]이요, 모든 번뇌에서 벗

---

28 오안五眼이란 불타의 다섯 가지 눈을 말한다. 먼저 육안肉眼은 심안心眼의 상대되는 말로 사람의 육신에 있는 눈으로서 번뇌가 있는 범부의 눈이며, 부처도 지니고 있는 눈이다. 둘째, 천안天眼은 시간과 공간을 초월하여 모든 것을 꿰뚫어 볼 수 있는 능력을 가진 눈으로 하늘의 눈이다. 셋째, 혜안慧眼은 우주의 진리를 밝게 보는 눈으로, 일체의 현상은 상相이 없어 무작無作·무생無生·무멸無滅함을 알아 집착과 차별을 여읜 지혜의 눈이다. 이것은 이승二乘인 성문과 연각이 얻는 지혜로 중생을 제도하지 못한다. 넷째, 법안法眼은 일체법을 분명하게 비춰 보는 눈으로 자비의 눈이며, 무분별한 진리를 보는 눈이다. 보살은 이 눈으로 일체가 하나임을 깨달아 중생이 본래 지닌 불성을 깨닫도록 한다. 다섯째, 불안佛眼은 깨달음의 눈으로 어떤 것에도 치우침 없는 무차별하고 무분별한 눈이다. 바로 붓다의 눈인 것이다.

어난 '청정' 바로 그것입니다.

무색성향미촉법
无色聲香味觸法

색·성·향·미·촉·법은 여섯 가지 티끌인 육진六塵을 말합니다. 티끌이란 더러움에 물든 것으로 이 티끌이 본래 청정한 불성을 덮어서 가리게 합니다. 즉 눈으로 색진色塵을 보면 탐욕스러운 생각이 일어나고 이 색진이 불성을 덮어서 가려 버리는 것입니다. 또한 귀로 성진聲塵을 들으면 그 소리에 이끌리게 되고, 코로 향진香塵을 맡으면 내 것으로 소유하려는 생각이 일어납니다. 혀는 미진味塵에 길들여져 맛의 즐거움에 빠지게 되고, 몸은 촉진觸塵에 빠져 감촉에 젖게 되며, 생각은 법진法塵에 묶여 관습慣習에 빠지게 되니 이들 모두 불성을 덮어 가리게 되는 것이지요.

육근六根과 육진六塵은 서로 상대되는 것으로, 육근이 공하면 육진 또한 따라서 공이 됩니다. 하지만 육근이 육진에 의지하면 바로 생사가 따르게 되고, 만약 육근이 회광반조回光反照하면 그 흐름을 되돌려서 완전한 하나가 되니, 이것이 바로 열반涅槃입니다. 그래서 관세음보살은 육진에 의지하지 않고 마음의 소리를 따라 수행하는

데, 만약 삼마지²⁹에 빠지면 이근耳根을 사용하여 마음으로부터 들려오는[返聞] 자성自性의 소리를 듣고 깨달음을 이루는 것이 최상의 길입니다. 이러한 이근은 옳고 그름을 따지는 말을 듣고 허물을 만들게 되는데, 만약 이근이 마음으로부터 들려오는 소리를 듣는다면 성진聲塵을 멀리 여의어 마침내 여러분은 등정각³⁰을 이루게 되는 것입니다.

그러므로 수행하는 사람은 반드시 육진을 멀리해야 합니다. 즉 집을 나오는 것[家出]이 바로 육진을 떠나는 것으로 이른바 출가出家라는 것은 육진의 집에서 나오는 것을 뜻합니다. 예컨대 사미계³¹는

---

29 삼마지三摩地, Samādhi는 정(定, 머무르다)이라는 뜻으로 마음을 한 곳에 모아 산란함을 가라앉히는 정신작용으로서 삼마제三摩提・三摩諦라고도 한다.

30 등정각等正覺, Samyaksambuddha은 붓다의 10호十號 가운데 하나로 정등각正等覺・정변각正遍覺・정변지正遍智라고 한다. 붓다는 평등한 진리를 깨달았음으로 이렇게 일컫는데, 줄여서 등각等覺이라고도 한다.

31 사미계沙彌戒, śrāmaṇera-pravra는 한역으로 근책율의勤策律儀라고도 한다. 사미가 지켜야 할 계문은 다음과 같다. ①살생하지 말라. ②도적질하지 말라. ③음행하지 말라. ④거짓말하지 말라. ⑤술 마시지 말라. ⑥화관을 쓰지 말고, 향수를 바르지 말라. ⑦노래하고 춤추지 말며, 구경도 하지 말라. ⑧높고 넓은 평상에 앉지 말라. ⑨때 아닌 시간에 먹지 말라. ⑩금과 은 등 금속을 지니지 말라.
*사미니沙彌尼, śrāmaṇerikā는 근책여勤策女로서 출가하여 10계를 받은 여자스님을 말한다. **『사미니경』: 후한(後漢, 147~220) 때 번역한 역자 미상의 1권이다. 사

육진을 완전히 벗어나게 하는 불살생不殺生·불투도不偸盜·불사음不邪淫·불망어不妄語·불음주不飮酒의 오계五戒입니다. 또한 재가불자도 계를 받을 수 있는데, 다만 사미계인 오계에 다섯 가지를 더하여 십계를 받습니다. 그 다섯 가지 가운데 여섯째는 노래 부르거나 춤추지 않으며[不唱歌·不跳舞] 또한 그곳에 가거나 보지도 않아야 성진과 색진의 집에서 떠나게 되고, 일곱째는 향과 꽃 넝쿨을 엮어서 머리에 올리지 않고 향유를 몸에 바르지 않아야[不戴香花蔓·不香油塗身] 향진의 집에서 나오게 됩니다. 여덟째는 높고 화려한 침상에 앉거나 눕지 않아야[不坐臥高座大床] 촉진의 집에서 나오게 되고, 아홉째는 정오를 지나서는 먹지 않고 음식 맛을 탐하지 않아야[過午不食·不貪著飮食之味] 미진의 집에서 나오게 됩니다. 열번째는 금은 등 재물을 취하지 않아야[手不捉金銀財寶] 법진의 집에서 나오게 됩니다. 따라서 내가 얼마나 많은 재물을 가지고 있는지 분별하는 것도 법진에 해당됩니다.

사미10계란 ①불살생不殺生 ②부도적不盜賊 ③불음일不淫洪 ④불양설악언불兩舌惡言 ⑤불음주不飮酒 ⑥부지향화면수不持香華綿繡 ⑦부좌고상不坐高床 ⑧불청가무不聽歌舞 ⑨불취진보不聚珍寶 ⑩식불실시食不失時이다. 이 책의 종장終章에 '사미니가 10계를 받아 잘 지니면 500계가 자연히 구족하게 된다고 하였다.

제3장

결론

유 통 분

무안계내지무의식계
无眼界乃至无意識界

안식眼識·이식耳識·비식鼻識·설식舌識·신식身識·의식意識[1]을 모두 육식六識이라 하고, 이에 육진과 육근을 더하여 도합 18계十八界라고 합니다. 이 18계가 바로 중생으로서 육근은 안에 있고 육진은 바깥에 있으며 그 가운데에는 육식이 있습니다. 또한 육진은 앎[知]이 없는데, 육근은 알아차림[知覺]이 있고, 육식은 분별을 일으키게 됩니다. 하지만 육근은 분별이 없으므로 눈으로 사물을 볼 때 길고 짧음과 둥글고 모남을 분별하지 못하고, 안식眼識으로 말미암아 분별하게 됩니다. 이근耳根 또한 소리를 들을 수 있을 뿐 남자의 음성인지 여자의 음성인지, 또는 바람 소리인지 불붙는 소리인지 등을 분별하지 못하고, 이식耳識으로 인하여 분별합니다.

이렇게 중생이 생사에 매달려 떠나려 하지 않는 것은 바로 자기의 육근과 육식, 그리고 육진인 18계에 묶여 있기 때문입니다. 만

---

[1] 의식意識에 대해 붓다는 『구사론俱舍論』에서 다음과 같이 말했다. "깨끗하고 깨끗하지 못한 세계의 갖가지 차별citra이 있기 때문에 마음心, citta이라 한다. 즉 이것(마음)이 다른 마음에 의존하여 머물기 때문에 의意, manas라 하고, 의존하여 머물면서 작용하기 때문에 식識, vijñāna이라고 한 것이다[淨不淨界種種差別故名爲心 卽此爲他作所依止故名爲意 作能依止故名爲識]"(『俱舍論』 4권.)

약 이 18계를 벗어나게 되면 바로 중생은 없는 것이니, 이른바 이것이 없으므로 저것이 없다는 것과 같습니다. 그러나 이 18계가 서로 응하여 합해지면 바로 중생심이 생겨나게 되어, 이것이 있으므로 저것이 있다는 상대성이 생기게 됩니다. 이같이 중생은 본래 공인데, 만약 육근과 육진, 육식이 없다면 어떻게 중생이 있을 수 있겠습니까! 다만 중생이 이 18계를 내려놓지 못하여 18계가 불성을 덮어 교폐해 버리므로 중생은 생생지리生生之理를 알지 못한 채 생생지리에 끄달려 끝없는 육도윤회[2]를 거듭하고 있는 것입니다.

---

2 육도윤회六度輪廻는 중생이 업인業因에 따라 윤회하는 여섯 종류의 세계로서 미혹의 세계, 유전流轉의 장소, 육취六趣와 같은 것으로 지옥도地獄道·아귀도餓鬼道·축생도畜生道·수라도修羅道·인간도人間道·천상도天上道를 말한다. 이러한 육도 가운데 지옥과 아귀·축생도는 삼악도三惡道라 하고, 아수라와 인간·천상도는 삼선도三善道라 한다. *도가에서는 육도를 천도·신도·인도·지옥도·아귀도·축생도로 분류한다. 여기서 노·불 사상의 습합拾合을 볼 수 있다.

옛날에 한 범지³가 붓다에게 꽃을 공양할 때, 세존이 그에게 "집착을 내려놓아라[放下着]"고 말하자 범지가 왼손에 든 꽃을 땅에 내려놓았습니다. 세존이 또 "방하착放下着"이라 하자, 범지가 이번에는 오른손의 꽃을 내려놓았습니다. 세존이 다시 "방하착"이라고 하자, 범지가 "저는 양손의 꽃을 모두 내려놓았는데, 세존께서는 저에게 무엇을 더 내려놓으라 하십니까?"라고 물었습니다. 그러자 세존이 말하기를 "내가 너에게 내려놓으라는 것은, 안으로는 육근을 내려놓고 밖으로는 육진을 내려놓고 가운데로는 육식을 내려놓아 18계를 모두 내려놓은 후, 더 이상 내려놓을 것이 없는 마음자리인 바로 너의 안심입명처安心立命處이다"라고 말했습니다. 그제야 범지는 이 말을 알아듣고 깨닫게 된 것입니다.

우리가 지금 이 육근과 육진, 육식 모두를 아직 내려놓지 못하여

---

3 범지梵志, Brahma carin는 ①바라문도波羅門徒의 네 시기 가운데 하나인 '유행流行'의 뜻으로 범천梵天의 법을 구하는 사람을 말한다. ②니건자尼乾子, Nigrantha에 대한 속가의 바라문을 범지라 한다. *바라문도의 네 시기란, 인도의 사성계급 가운데 가장 높은 종족이자 승려 계급인 바라문이 일생을 보내는 범행梵行·가주家住·임서林棲·유행流行의 네 단계를 말한다. 즉 어릴 적에는 부모 곁에서 살다가 소년기가 되면 출가하여 스승에게 『Veda성전』을 배우고[梵行], 청년기에 이르면 다시 집으로 돌아와 결혼하여 살다가[家住], 늙으면 가업을 아들에게 넘기고 숲으로 들어가 수행한다[林棲]. 그 후 사방을 떠돌며 세상사를 초월하여 남이 주는 시물만으로 살다가 일생을 마친다[流行].

18계가 불성을 덮어 가려 버렸는데, 만약 불성을 보고자 한다면 반드시 18계를 내려놓아야 합니다. 그래서 반야로써 비추어 보면 '눈의 경계에서부터 의식의 경계까지도 없어져[无眼界乃至无意識界]' 18계가 모두 없어지게 되므로 18계는 공이요, 청정이며, 또한 모든 법의 실상이요, 바로 불성인 것입니다.

무무명 역무무명진
无无明 亦无无明盡

무명无明이란 무엇일까요? 중생이 내려놓지 못한 18계가 불성을 덮어 버려 불성이 밝지 못한 것을 어둠[无明]이라 합니다. 이것을 경문에서 "진여가 자성을 지키지 못하여 일념으로 깨닫지 못하므로 어둠이 있는 것이다[眞如不守自性하야 一念不覺이니 而有无明이라]"라고 하였습니다.

다시 말해 진여眞如는 사람마다 지니고 있지만 자기의 본디 자리를 지키지 못하고 있으니, 이것을 경문에서 "이 법은 법위에도 머물러 있고, 세간에도 항상 머물러 있다[是法住法位하고 世間相常住니라]"라고 한 것입니다. 바로 이 진여가 자성을 지켜야 하는데 범부의 진여는 자성을 지키지 못하여 일념으로 깨닫지 못하므로 망령된 생각이 일어나 어둠이 있는 것입니다. 이러한 무명은 실체가 없으나 무명이 있으면 반드시 행이 따르게 되지요. 이른바 깨닫지 못하면 바로 어둠이고, 망령된 생각이 일어나면 이것이 바로 행이 됩니다. 이 행에는 선행善行과 악행惡行, 부동행不動行이 있는데 이것을 일컬어 업행業行이라 합니다. 또한 행에는 반드시 식이 있으니, 선행에는 선식善識이 있고 악행에는 악식惡識이 있으며 부동행에는 부동식不動識이 있는 것으로 이러한 식에 따른 행이 바로 업이 되는 것입니다. 예컨대 사람의 업에는 사람의 식이 있어 물이 물로 보이고, 하늘의 업에는 하늘의 식이 있어 물이 유리와 같이 투명하게 보이며, 아귀의 업에는 아귀의 식이 있어 물이 화염으로 보이는 것입니다.

생명의 형성과 12인연법 十二因緣法

식識이 있으면 업業이 식을 끌어당겨 태胎에 던져 버리는데, 이러한 식과 아비의 정자, 그리고 어미의 피, 이 세 가지 인연이 합해져서 태가 형성되므로 이것을 명색名色이라 합니다. 여기서 색色은 아비의 정자와 어미의 피요, 자기의 식은 바로 마음心인데 마음에는 그 명칭名은 있으나 작용이 없으므로 이것을 명색名色이라고 한 것입니다. 이 명색은 7일에 한 번 변하고, 49일 후에 5개의 세포가 형성되어 머리와 양손 양다리의 오체五體가 생기며 10개월 후에는 육근六根이 자라게 됩니다. 이 육근은 육진의 기능과 작용에 들어가게 되므로 육입六入이라고 말합니다.

이렇게 아이가 태어난 후, 육진과 서로 접촉하는 것을 이른바 육입이 촉에 이끌린다[緣]고 합니다. 즉 촉경觸境에는 괴로움과 즐거움이 있으니 그것에 엮여 받아들이게 되므로, 촉에 연유하여 받아들이게[觸緣受] 된다는 뜻입니다. 받음[受]은 바로 과보이고, 이 과보를 받을 때는 마음에 거리낌이 생겨나게 되므로, 이러한 받음에 연유하여 친밀하게[受緣愛] 됩니다. 여기서 즐거워하여 사랑을 오랫동안 같이하거나, 또는 괴로워하여 사랑을 멀리하거나 하는 애합애이愛合愛離의 선택에 따라 그 선택이 바로 업業을 만듭니다. 만약 이성적이면 선업을 선택하고 비이성적이면 악업을 선택하게 되므로, 선택에 따라 존재함[取緣有]이 있게 되는 것이지요. 그러므로 존재함[有]이 바로 업이 되고, 업이 생겨나므로 태어남이 있으며, 태어남이 있기 때문에 노병사老病死와 회자별리會者別離의 슬픔과 고뇌가 있게 되는 것입니다.

또 어둠[无明]으로 말미암아 행行이 따르고, 행은 식識을 좇아가며, 식은 명색名色을 연유하고, 명색은 육입六入에 연유하며, 육입은 촉觸에 이끌리고, 촉에 연유하여 받아들이게[受] 되는 것입니다. 그리고 받아들임에 따라 좋아하게[愛] 되고, 좋아함에 따라 선택하게[取] 되며, 선택에 따라 소유하게[有] 되고, 그 소유함[有]으로 말미암아 생로병사 우비고뇌生老病死憂悲苦惱가 뒤따라오게 되므로, 이것을 12인연[4]이라 합니다. 그러나 만약 반야지般若智로써 깊이 들여다보게 되면 어둠이 없어져[无明滅] 행이 멸하게[行滅] 되고, 행이 멸하면 식이 없어지며[識滅], 식이 멸하면 명색이 없어지고[名色滅], 명색

---

4 십이인연十二因緣, Dvādaśāṅgika-pratītya-samutpāda은 십이연기十二緣起라고도 한다. 사제四諦, 팔정도八正道와 함께 가장 근본적인 불교용어로서 무명无明·행行·식識·명색名色·육입六入·촉觸·수受·애愛·취取·유有·생生·노사老死 등 중생의 미혹한 세계에 있는 12가지의 인과관계로서 연기緣起를 뜻한다. ①무명Avidyā이란 미혹의 근원인 무지無知·우치愚痴를 말하고 ②행Samskāra은 구성構成이란 의미로 무지로부터 나와 다음의 의식작용을 일으키는 업인業因, 즉 활동이다. ③식Vijñāna이란 식별, 즉 의식작용이고 ④명색Nāma-rūpa은 물물과 심신으로 정신과 육체를 말한다. ⑤육입Sad-āyatanān이란 안·이·비·설·신의 오근과 의근意根을 말하고 ⑥촉Sparśaḥ이란 외계의 사물에 접촉하는 것을 말한다. ⑦수Vedana란 외계와의 접촉으로부터 쾌락이나 고통을 감수感受하는 것을 말하고 ⑧애Tṛṣṇa는 쾌락과 고통을 감수하여 고苦는 피하고 쾌快를 구하는 취사取捨를 말한다. ⑨취Upādāna는 자기가 바라는 바를 소유하는 것을 말하고 ⑩유Bhava는 애취愛取에 따른 과보果報로 존재를 말한다. ⑪생Jati과 ⑫노사Jarāmaraṇa는 태어나고 늙어 죽는 것이다. 이 십이연기는 불교의 윤회설에 의하여 우리가 과거로부터 현재와 미래로 나아가는 생의 연속을 설명한 것이다. 즉 무명無明과 행行은 과거에 있어서 현재 생의 원인이 되고, 현재의 생으로 옮겨져 먼저 모태에 의탁하여 정신인 식識이 생기며, 그 다음으로 정신과 육체가 화합된 명색名色이 갖추어진다. 그리고 감각기관인 육입六入을 갖추고, 드디어 모태를 나와 외계와의 접촉으로부터 쾌고快苦의 감수感受가 있게 된다. 이렇게 식識에서 수受까지는 존재의 결과가 되고, 애愛·취取·유有는 현재에 있어서 미래의 생生과 노사老死를 만드는 원인이 된다. 이와 같이 과거·현재·미래의 삼세에 따라 설명하면 생사윤회의 끝없음을 나타내게 된다.

이 멸하면 육입이 없어지게[六入滅] 됩니다. 그리고 육입이 멸하면 촉이 없어지고[觸滅], 촉이 멸하면 받아들임이 없어지게[受滅] 되며, 받아들임이 없으면 좋아하는 것이 없고[愛滅], 좋아하는 것이 없으면 선택할 것도 없어집니다[取滅]. 또 선택이 없으면 소유할 것이 없고[有滅], 소유할 것이 없으면 생겨남이 없으며[生滅], 생겨남이 없으면 노병사 우비고뇌老病死憂悲苦惱가 없어지게 됩니다. 이와 같이 12인연이 텅 비게 되면 가히 벽지불辟支佛[5]의 과果를 증득할 수 있지요. 만약 반야로써 제법의 실상을 비추어 보면 무명이 없을 뿐 아니라, 범부의 어둠도 없고 벽지불의 어둠도 또한 사라져 없는 것입니다.

---

5 벽지불辟支佛은 벽지가불타辟支迦佛陀의 줄임말로 연각緣覺 또는 독각獨覺이라고도 한다. 안팎의 인연을 관하고 대비하여 성과聖果를 깨침으로 연각이라 하고, 부처 없는 세상에 나서 다른 이의 가르침 없이 혼자 수행하여 깨달음을 얻었기 때문에 독각이라 한다. 그러나 천태일가天台一家에서는 이것을 달리하여 붓다가 없는 세상[無佛世]의 깨달음[悟道]을 독각이라 말하고, 붓다의 세상에서 12인연으로 관하여 득도함을 연각으로 한다.

내지무노사 역무노사진
乃至无老死 亦无老死盡

이와 같이 범부의 늙어 죽음[老死]이 없어지고, 또한 벽지불의 늙어 죽음도 없어지는 것입니다. 그러므로 반야로써 일체법을 들여다 보면 세간법인 무명을 벗어날 수 있고, 출세간법인 무명의 다함[无明盡]도 뛰어넘을 수 있습니다.

무고집멸도
无苦集滅道

고·집·멸·도苦·集·滅·道를 사성제四聖諦[6] 라 이르는데, 제諦는 진

---

[6] 사성제四聖諦, Catur-ārya에서 제諦, satya, sacca란 불변여실不變如實의 진상眞相이라는 뜻이다. 사성제는 네 가지의 진리라는 뜻으로 사진제四眞諦라고도 한다. 원시불교 가르침의 하나이며, 석존이 녹야원에서 최초로 설법한 고·집·멸·도苦·集·滅·道의 내용이다. ①고성제苦聖諦는 현실의 모습을 나타낸 것인데 현생을 고통이라고 보는 견해이고 ②집성제集聖諦는 괴로움의 원인을 말하는 것으로 오욕에 애착하는 갈애渴愛와 같다. ③멸성제滅聖諦는 깨달음의 목표, 곧 열반을 가리키는 것이고, ④도성제道聖諦는 열반에 이르는 방법으로 팔정도八正道를 말한다. 이같이 고통의 제시 및 그 원인의 추급追及, 그리고 그 원인을 제거하여 없애는[滅却] 방법을 설하는 것을 보면, 연기설緣起說의 근간이라 해도 무방한 불가의 가장 기본적인 교설인 것이다. *팔정도는 정견正見·정사正思·정어正語·정업正業·정명正

실하다는 뜻입니다. 그리고 사성제는 벽지불의 도道가 아니라 나한羅漢[7]의 도입니다. 세존은 이 12행법의 바퀴를 세 번 돌린 삼전법륜三轉法輪[8]으로 이승인二乘人에게 사제四諦의 법문을 보여 주었습니다.

1) 붓다가 몸소 나타낸[示相轉] 고집멸도

이것은 '고苦로서 절박하게 다가오는 것[逼迫性]'을 말한 것입니다. 즉 중생의 과보는 전부 고통이라는 것을 가리킨 것이지요. 생로병

命·정정진正精進·정념正念·정정正定으로서 열반에 이르기 위한 여덟 가지의 수행 방법을 말한다.

7 나한羅漢은 ①아라한阿羅漢의 약자로 소승불교 수행에서 최고의 경지에 이른 사람이다. ②불자佛子, buddhapytra와 같은 뜻이다.

8 삼전법륜三轉法輪은 불타가 녹야원에서 성문승聲聞乘에 대해 사제四諦의 법문을 설할 때, 시전示轉·권전勸轉·증전証轉으로 설한 것을 말한다. 상근上根은 시전으로, 중근中根은 권전으로, 하근下根은 증전으로 각각 깨닫는다고 하였다. 이 삼전三轉은 견도見道·수도修道·무학도無學道와 서로 상대된다. ①시전은 '이것은 고苦, 이것은 집集, 이것은 멸滅, 이것은 도道'라고 그 모양을 보인 것이다. ②권전은 '고를 알라, 집을 끊어라, 멸을 증득하라, 도를 닦아라' 하고 권한 것이다. ③증전은 석존이 스스로 고를 알아 집을 끊고, 멸을 증득하려고 도를 닦는 것을 보여주어 다른 이로 하여금 증득하게 하는 것이다.

사에 더하여 가난과 병고가 번갈아 닥쳐오니, 이것은 고가 고를 불러들이는 '고고苦苦'라 합니다. 쾌락 또한 무상한 것으로 즐거움이 사라지면 괴로움이 생겨나게 되니, 이것을 '괴고壞苦'라 이름합니다. 또 선정禪定의 즐거움을 누리는 것도 무상한 것으로 이것은 '행고行苦'에 속합니다. 그러므로 이 삼계 안에는 '고고'와 '괴고', '행고'가 있으니 이것을 삼고三苦라 이름하는 것입니다. 이외에도 팔고八苦인 생·노·병·사의 고통[生老病死之苦]과 사랑하는 사람과 떨어지는 고통[愛別離苦], 화내고 증오하는 사람과 만나야 하는 마음의 고통[怒憎會苦], 구하는 것을 얻지 못하는 고통[求不得苦], 오온의 기세가 너무 왕성하여 생기는 고통[五陰熾盛苦] 등이 있습니다. 하지만 중생은 이것이 고苦임을 알지 못하기 때문에 여래가 몸소 고상苦相을 보여 준 것입니다.

다음은 '집集으로서 감정을 불러들이는 것[招感性]'을 말한 것입니다. 고통은 어디로부터 올까요? 이것은 자기 스스로 불러들이는 것입니다. 그래서 집제集諦라 부르는데, 집集이란 감정을 불러들인다는 뜻입니다. 사람들은 모두 탐욕과 성냄과 어리석음[貪·嗔·癡]의 번뇌가 있는데, 이 세 가지 번뇌로 말미암아 생명을 죽이고 도둑질하며, 음란하고 망령된[殺·盜·淫·妄] 업을 짓게 됩니다. 이 업으로 말미암아 위에서 말한 팔고의 감정을 불러들이게 되므로, 고는 결과[果]이고, 번뇌업煩惱業은 고의 원인[苦因]이 되는 것입니다.

다음은 '멸滅로서 증득해야 하는 것[可証性]'을 말한 것입니다. 고의 원인[苦因]과 고의 과보[苦果]를 멸하는 것을 멸제滅諦라 합니다. 이같이 고가 다하여 없어지면 바로 열반인 것입니다.

다음은 '도道로서 수행해야 하는 것[可修性]'을 말한 것입니다. 고의 원인과 고의 과보를 없애려면 도를 닦아야[修道] 하는데, 도제道諦는 무루법无漏法[9]이므로 이 무루법을 수행하여 생사에 빠지지 않아야 합니다.

---

9 무루법无漏法, Anāsrava-dharmāh은 번뇌와 허물을 여읜 청정법으로 삼승인三乘人이 증득한 계·정·혜戒·定·慧와 열반을 말한다. 즉 욕계의 고제苦諦로 말미암아 일어나는 무루한 법지인法智忍을 말하는 것으로 참고 견디어 흔들림 없는 마음으로 진리를 깨쳐서 마음을 안정시키는 것이다. 이에 대해 원효는 모든 존재에 대한 인식방법에 번뇌[漏]를 연결시켜 번뇌가 있는가, 없는가를 논증하였다. 그리고 누무루문漏无漏門을 통문通門과 별문別門으로 나누어 통문에서는 유루와 무루의 성격을 약술하고, 별문에서는 분제문分際門과 무장애문無障碍門으로 나누어 정토에서의 유루와 무루에 대해 서술하였다. 먼저 통문에 있어서의 유루와 무루의 성격에 대해『유가론瑜伽論』을 인용하여 다음과 같이 설명하였다. "『유가론瑜伽論』에서 말하기를, 유루·무루에는 각 5문門이 있다. 먼저 유루의 다섯 가지란 ①사事로 말미암기 때문이고, ②수안隨眼 때문이며, ③상응相應을 끊어 멸하기 때문이고, ④후천적 번뇌[見所斷]를 대치하여 자성상속自性相續을 해탈하기 때문이며, ⑤선천적 번뇌[修所斷]를 대치하여 자성상속을 해탈하기 때문이다."(拙稿,『無量壽經宗要를 통한 元曉의 淨土思想』, 東亞大學校, 2012 p.43)

2) 붓다가 닦음을 권한[勸修轉] 고집멸도

여기서 고苦는 '그대들이 마땅히 알아야 하는 것[汝應知]'이라고 붓다가 권유한 것입니다. 지知라는 것은 바로 깨닫는 것으로, 생고生苦를 깨달으면 바로 생겨남이 없고, 주고住苦를 깨달으면 머묾이 없으며, 멸고滅苦를 깨달으면 멸함이 없어지게 됩니다. 이와 같이 고를 깨달으면 생겨남이 없는데, 어디서 고가 생겨나 있다 하겠습니까! 그래서 붓다는 이것을 '고'라 이르면서 '그대들이 마땅히 알아야 한다'라고 가리킨 것입니다.

여기서 집集은 '그대들이 마땅히 끊어야 하는 것[汝應斷]'이라고 말한 것입니다. 집集은 바로 번뇌이고, 번뇌는 끊어야 하는 것인데, 어떻게 끊을 수 있겠습니까? 반드시 깨달아야 합니다. 집을 깨달아서 집이 없어지면 집이 끊어지게 됩니다. 그러므로 이것을 집이라 하고, 붓다는 '그대들이 마땅히 끊어야 한다'고 권유한 것입니다.

여기서 멸滅은 '그대들이 마땅히 증득해야 하는 것[汝應證]'이라고 말한 것입니다. 그러면 어떻게 증득해야 할까요? 고통의 원인과 고통의 결과를 없애야[滅] 합니다. 이 '멸滅'은 생겨나기[生] 때문에 있는 것이므로, 생겨남이 없으면[无生] 멸함도 없고[无滅], 생과 멸이 없어지고 나면 바로 적멸寂滅이 눈앞에 드러나므로 이것을 증득이라 한 것입니다.

여기서 도道는 '그대들이 마땅히 닦아야 하는 것[汝應修]'이라고 말한 것입니다. 도는 능히 수행해야 하는 것으로, 마치 계를 지니면 계가 있고 계를 지니지 않으면 계가 없는 것과 같습니다. 또 선정禪定을 닦으면 선정이 있고 닦지 않으면 선정이 없는 것과 같습니다. 이와 같이 미혹을 끊으면 지혜가 있고, 끊지 않으면 지혜가 없으므로 '그대들이 마땅히 닦아야 한다'고 가리킨 것입니다.

이른바 도를 닦는 것은 바로 37조도품三十七助道品을 수행하는 것입니다. 즉 사념처四念處·사정근四正勤·사여의족四如意足·오근五根·오력五力·칠각지七覺支·팔정도八正道와 삼무루학三无漏學인 계·정·혜戒定慧, 삼학三學을 닦는 것이지요.

3) 붓다가 몸소 증득한[得証轉] 고집멸도

여기서 '고苦는 내가 이미 알았으므로[我已知] 더 이상 알 필요가 없고, 집集은 내가 이미 끊었으므로[我已斷] 다시 끊을 필요가 없다'는 것입니다. 여기서 '멸滅은 내가 이미 증득[我已証]하였으므로 다시 증득할 필요가 없고, 도道는 내가 이미 닦았으므로[我已修] 다시 닦을 필요가 없다'는 것입니다.

그렇다면 왜 다시 알거나 다시 끊거나 다시 증득하거나 다시 닦을 필요가 없다는 것일까요? 왜냐하면 여래는 사성제의 참된 이치를 깨달았기 때문입니다. 이를테면 고는 유위법有爲法이며, 이같은 유위有爲에서는 생·주·멸生·住·滅의 삼상三相을 여의지 못했기 때문입니다. 그래서 여래는 고의 생상生相을 얻을 수 없음을 깨닫고, 주상住相과 멸상滅相 모두를 얻을 수 없음을 깨닫게 된 것입니다. 만약 고의 삼상[生相·住相·滅相]을 증득할 수 없음을 깨닫는다면, 고의 당체가 바로 공이며 이 공함이 바로 고의 실제적 제[實諦]가 되는 이치이므로 이것을 '고제苦諦'라고 한 것입니다.

집集 또한 유위법으로 삼상을 여의지 못하는데 어찌 번뇌가 생겨나 있다 할까요? 깨달으면 바로 생상이 없음을 증득하게 되는데 어찌 번뇌는 머물러 있다 할까요? 깨달으면 바로 주상이 없음을 증득하게 되는데 어찌 번뇌는 멸함이 있다 할까요? 깨달으면 바로 멸상이 없음을 증득하게 됩니다. 따라서 만약 미혹할 때는 번뇌의 생·주·멸이 있음을 보고 깨달았을 때는 번뇌의 생·주·멸, 삼상을 모두 여의게 되는 것과 같이 집의 당체는 바로 공인 것입니다. 이것이 집의 참된 모습이므로 '집제集諦'라고 한 것입니다.

그렇다면 멸滅은 또 무엇일까요? 생겨남이 있으면 반드시 멸함이 있듯, 감[往]이 있으면 반드시 옴[復]이 있습니다. 그러나 깨닫게 되면 고가 생겨나지 않고[无苦生] 또한 고의 멸도 없는 것[无苦滅]이므로, 적멸寂滅이 바로 눈앞에 있게 됩니다. 이것이 바로 멸의 참된 제

諦입니다. 그래서 여래가 멸을 설하기를 "고가 멸하게[苦滅] 되면 제諦를 보게 되고, 제를 보게 되면 고도 없고[无苦] 집도 없으므로[无集] 멸 또한 없는[无滅] 것이다"라고 말한 것입니다.

도道는 또 무엇일까요? 예컨대 계戒·정定·혜慧[10], 삼학의 도를 수행함에 있어서 계戒는 생겨남이 있을까요? 계는 생상生相이 없습니다. 그러면 계는 머물러 있는 것일까요? 계는 주상住相이 없습니다. 또 계는 멸함이 있을까요? 계는 멸상滅相이 없습니다. 그래서 계·정·혜는 생·주·멸의 삼상을 얻을 수 없고, 생·주·멸의 삼상이 없는 이것이 바로 무위법无爲法이므로 계·정·혜의 당체가 공인 것입니다. 이같이 도道가 바로 공상空相이기 때문에 수행 또한 없는 것입니다. 그러므로 이것을 도道라고 합니다. 즉 내가 이미 닦았으므로 다시 닦을 필요가 없는 것입니다. 이것을 육조 대사가 말하기를 "마음의 바탕에는 허물이 없으니 자성계自性戒이고, 어리석음이 없어 자성혜自性慧이며, 어지러움이 없어 자성정自性定이다[心地无非自性

---

10 계·정·혜戒定慧는 계율戒律·선정禪定·지혜의 준말로 총칭해서 삼학三學이라 한다. ①계戒는 몸과 입과 뜻으로 범하는 악업을 방지하고, 올바르게 살아가는 것이고, ②정定은 산란한 마음을 한 곳에 모아 고요한 경지에 머물러 있는 것이다. ③혜慧는 진리를 깨달아 아는 바른 지혜로서 계가 아니면 정을 얻을 수 없고, 정이 아니면 혜를 얻을 수 없기 때문에 계·정·혜는 같이 가는 것이다.

戒이오 心地无痴自性慧이오 心地无亂自性定이라]"라고 하였습니다. 이것이 바로 계·정·혜의 참도리이고, 도의 참된 모습인 것입니다.

따라서 제법의 공상에 있는 실상 안에서 범부는 고집苦集의 법이 없고 성현聖賢 또한 멸도滅道의 법이 없으므로 '무고집멸도无苦集滅道'라고 말한 것입니다.

무지역무득
无智亦无得

일체법이 텅 빈 공의 형상[空相]이 바로 청정상淸淨相이고, 이 청정상 안에 있는 육근六根이 청정하기 때문에 안·이·비·설·신·의가 없으며, 육진六塵이 청정하여 색·성·향·미·촉·법이 없고, 육식六識 또한 청정하여 눈의 경계에서부터 의식의 경계까지도 없습니다. 무명无明이 청정하여 무명이 없고, 무명이 다하여[无明盡] 또한 청정하므로 무명의 다함도 없으며, 노사老死가 청정하여 노사가 없고, 노사가 다하여[老死盡] 또한 청정하므로 노사의 다함도 없는 것입니다. 보살이 육도만행의 지혜를 능히 닦아 그 지혜조차 없으니, 지혜 또한 청정하여 이것을 무지无智라고 합니다. 이와 같이 만행이 청정한데 어찌 얻을 수 있겠습니까! 그러므로 얻음이 없다[无得]는 것입니다. 이렇게 세간법과 출세간법이 모두 청정하므로 이를 일컬어 '얻는 바 없다[无所得]'라고 한 것이지요.

이것이 보살법문으로서 보살은 육도로써 지혜를 삼아 그 지혜의 미혹함을 끊게 됩니다. 즉 일체법의 적멸을 아직 증득하기 이전에는 지혜로써 미혹함을 끊어야 하는 것이지요. 그러나 일체법은 본래 적멸하기 때문에 얻을 수 있는[能得] 지혜가 없고, 얻는 바[所得]의 법도 없으며, 또한 닦을 수 있는[能修] 지혜도 없고, 닦는 바[所修]의 법도 없습니다. 만약 능能과 소所가 있음을 본다면 그것은 생멸의 마음[生滅心]이고, 능·소가 있음을 보지 못하면 바로 적멸의 마음[寂滅心]입니다. 그래서 '도道는 그 지혜도 없고 또한 지혜의 얻음도 없다[无智亦无得]'라고 말한 것입니다.

이무소득고 보리살타
以无所得故 菩提薩埵

일체의 마음이 공[一切心空]함을 깨달으면 보리菩提라 하고, 일체법이 텅 비었음[一切法空]을 깨달으면 살타薩埵라 부릅니다. 이 심심과 법법은 하나[一如]이므로, 얻는 것[能得]과 얻은 바[所得]가 모두 없습니다. 이와 같이 얻은 바가 없으므로[以无所得故] 바로 보리살타라고 한 것입니다.

의반야바라밀다고 심무가애 무가애고 무유공포 원리전도몽상
依般若波羅蜜多故 心无罣礙 无罣礙故 无有恐怖 遠離顚倒夢想

무엇을 '가애罣礙'라고 할까요? 이를테면 눈동자와 눈의 흰자위가 서로 만나면 걸림이 없다[无罣礙]라고 합니다. 하지만 눈동자와 모래는 서로 같이할 수 없으므로 이것을 걸림[罣礙]이라고 합니다. 또한 피부와 살이 서로 붙어 있는 것은 무가애라 하고, 살 속에 가시가 있으면 가애라고 합니다. 이 가애라는 것과 반야심은 서로 같지 않은 것이므로, 반야심이 공이면 일체법은 유有가 됩니다. 만약 일체법이 공하지 않으면 이 유와 반야심의 공이 같이할 수 없어 걸림[罣礙]이 있게 되고, 만약 일체법이 공하면 이 공과 반야심의 공이 서로 합해져 걸림이 없어짐[无罣礙]을 말하게 됩니다.

따라서 일체법이 공하면 바로 반야이고, 반야는 바로 일체법공一切法空이니, 반야와 일체법이 같이 공하여 한 덩어리를 이룹니다. 그렇게 되면 일체법공은 반야에 장애가 없으니 반야는 일체법공에 걸림이 없습니다. 마치 '대비주'를 마음속에 지니고 있어도 공인 것처럼, '능엄주'에 구애받지 않고 능엄주를 마음속에 지니고 있어도 바로 공이므로 이 공이 저 공이라 공과 공이 서로 합해져 걸림이 없는 것과 같습니다. 가령 하나의 법이 있는데 공이 아니면 바로 걸림이 있는 것과 같습니다.

육조 보살이 세상에 머물 때, 법달法達이라는 한 승려가 있었습니다. 그가 육조에게 절을 하는데 머리가 바닥에 닿지 않자, 육조 대사는 그의 마음속에 반드시 무엇인가가 있다고 여겼습니다. 과연 법달이 "나는 이미 법화경 3천 부를 다 읽었다"라며 오만을 떨었습니다. 스스로 법화경 3천 부를 읽었다 하는데 어떻게 머리를 바닥에 대고 절을 할 수 있겠습니까! 법화경 3천 부를 아직 비우지 못하여 마음속에 두고 있으므로 이것이 그에게 장애가 된 것입니다.

세간법이 공하지 않아 반야와 더불어 계합契合되지 않으므로 걸림이 있고, 출세간법도 공하지 않아 반야와 더불어 계합되지 않으므로 또한 걸림이 있게 된 것이지요. 만약 세간법이 공하고 출세간법 역시 공하여 반야의 공상과 더불어 합해지면 걸림이 없어지고, 걸림이 없으면 두려움이 있을 수 없습니다. 공포라는 것은 바로 근심한다는 뜻입니다. 마치 눈 안에 있는 모래와 같아서 만약 제거하지 않으면 눈이 보이지 않고 눈이 멀게 된다는 것이 바로 두려움입니다. 눈 안에 모래가 없으면 눈이 보이지 않을 것이라는 두려움이 있을 수 없겠지요. 또 살 속에 있는 가시와 같아서 만약 제거하지 않으면 피부가 헐어 염증이 생길 것이라는 공포가 있게 됩니다. 범부는 생사의 공포가 있고, 이승인은 공에 가라앉아 고요함에 빠진다[滯寂]는 공포가 있습니다. 만약 마음속에 있는 어떠한 법을 비워 내지 못한다면, 이 법이 여러분을 생사의 공포로 밀어 넣을 것입니다.

옛날에 김벽봉金碧峰이라는 사람이 공호의 선정禪定에 들어가 있어 무상귀无常鬼가 그를 찾지 못했습니다. 무상귀가 토지공土地公에게 도움을 청하자, 토지공이 말하기를 "김벽봉은 그 어떤 것에라도 공할 수 있으나, 오직 수정으로 만든 목탁을 가장 아낀다. 너희 둘은 쥐로 변해 그의 수정목탁을 가지고 놀면서 그가 입정에서 나올 때를 기다려 준비한 자물쇠로 채워 버려라."라고 하였습니다. 김벽봉은 입정할 때 몸에 아무것도 지니지 않았는데, 입정 중에 늙은 쥐가 수정목탁을 가지고 노는 소리를 듣고 바로 출정出定하여 큰소리로 "누가 나의 수정목탁을 건드리느냐?"라고 했습니다. 그러자 다른 무상귀가 그를 자물쇠로 채워 버렸습니다. 김벽봉은 수정목탁에 대한 집착 때문에 무상귀가 그를 찾게 되었다는 것을 알고 7일간 사정하여 목탁을 되찾은 뒤, 무상귀가 가 버리자 수정목탁을 깨뜨려 버리고 선정에 들어갔습니다. 그런 후 그는 입정하기 전에 벽에다 다음과 같은 사구게四句偈를 써 놓았습니다. "나 김벽봉을 찾으려 한다면 허공을 쇠사슬로 묶어라. 만약 허공이 묶이지 않는다면 나를 찾지 말라.[欲來找我金碧峰이면 猶如鐵鏈鎖虛空이라 虛空若然鎖不得이면 莫來找我金碧峰이라]"

세간법이 공하지 않아 반야와 더불어 걸림이 있으면, 눈 안에 모래가 있는 것과 같아 생사윤회가 실제로 있다고 인식하게 됩니다.

출세간법도 공하지 않아 반야와 더불어 또한 걸림이 있게 되므로 몸 안에 가시가 있는 것과 같아서 마치 도성都城이 보물창고라고 인식합니다. 그러므로 범부에게는 생사가 있고, 이승인에게는 열반에 대해 꿈같은 뒤바뀐 생각[顚倒夢想]이 있는 것입니다.

범부의 생사에는 네 가지 뒤바뀜[四顚倒]이 있습니다. 첫째, 몸은 깨끗하지 못한데[身不淨] 청정하다고 여기며, 둘째, 받아들임은 고통인데[受是苦] 즐거움이라고 여깁니다. 셋째, 마음은 항상하지 않으면서[心无常] 변함이 없다고 여기며, 넷째, 법에는 내가 없는 것[法无我]인데도 내가 있다고 여기는 것입니다. 이것이 범부의 생사에 대한 뒤바뀐 모습[顚倒相]입니다.

이승인의 열반에도 역시 네 가지 뒤바뀜이 있습니다. 첫째, 청정하지 않다고 생각하여[着不淨] 법신의 청정을 보지 못하고, 둘째, 열반을 고통이라 생각하여[槃着苦] 적멸의 즐거움을 보지 못하며, 셋째, 내가 없다고 생각하여[着无我] 자유자재한 나를 보지 못하고, 넷째, 항상함이 없다고 생각[着无常]하여 불성의 변함없음을 보지 못합니다. 이것이 이승인의 열반에 대한 네 가지 전도몽상인 것입니다.

그러므로 반야지로 오온을 비추어 보면 모두 공인데 어찌 일체고액一切苦厄을 여읜다고 하며, 일체고액을 여읜 후에 모든 법이 공상空相인 것을 안다고 하겠습니까! 오온이 공하고 색이 공하며, 공 또한 공하여 일체법이 공하니, 이것이 바로 제법의 공상이며 또한 오온의 공상입니다. 그래서 먼저 일체고액을 제도하여 없애라고 말한 후 제법의 공상을 말한 것입니다. 만약 오온이 아직 공하지 않으면 일체법도 공함이 아니므로, 일체고액을 제도하여 다할 수 없을 뿐 아니라 또한 공포로부터 전도몽상에 이르기까지 발생하게 됩니다. 다시 말해 범부는 생사가 실재實在한다고 생각하고, 이승인은 열반이 실제實際한다고 생각합니다. 그러나 깨달음을 이룬 사람은 "생사와 열반은 허공 속의 꽃과 같다[生死涅槃等空花]"라고 하여 생사도 공이요 열반 또한 공이라고 합니다.

얻는 바가 없는[无所得] 까닭으로 보살은 반야바라밀다를 증득하게 됩니다. 그러나 만약 얻는 바가 있으면[有所得] 반야바라밀다를 증득하지 못하는 것이지요. 반야바라밀다를 증득하게 되면[依般若波羅蜜多故] 일체법이 마음이요 마음이 바로 일체법인 것을 보고 마음과 일체법에 걸림이 없어지게[心无罣礙] 됩니다. 이와 같이 걸림이 없으면 세간과 출세간법의 두려움이 없어져[无有恐怖] 세간의 범부는 이미 생사에 대한 뒤바뀜이 없고, 또한 출세간의 이승인도 열반에 대한 뒤바뀜이 없어집니다. 그래서 전도몽상을 멀리 여의게[遠離顛倒夢想] 되어 마침내 대반야의 열반을 증득하게 되는 것입니다.

구경열반
究竟涅槃

마음도 얻을 수 없고 법도 얻을 수 없으니, 마음과 법이 하나와 같이 얻는 바가 없음[无所得]을 갖추게 되면 이것을 구경열반이라 하고, 또한 대반열반大般涅槃이라고 합니다. 대반열반은 변함없이 평온하고 밝은 상적광정토常寂光淨土[11]입니다. 이 상적광정토는 우리들 마음속의 고향인 것입니다. 이 상常은 법신덕法身德이고, 적寂은 해탈덕解脫德이며, 광光은 반야덕般若德으로 이 세 가지 덕[三德][12]을 숨겨 감추고 있는 그곳이 모든 부처가 나아가야 할 곳입니다. 따라서 보살은 반야에 의지하여 수행하기 때문에 마음에 걸림이 없고, 또한 공포가 있을 수 없으므로 꿈같이 뒤바뀐 생각을 멀리 여의게 되어 마침내 대열반을 얻게 되는 것입니다.

---

11 우주의 진리가 머문다는 뜻으로 여기 머무는 부처를 법신불法身佛이라 한다. 다만 불신관佛身觀의 발달에 따라 머무는 이와 머문 바 국토를 분립하여 법신이라 하는데 진리가 있는 우주 전체를 말한다.

12 여기서 말하는 삼덕三德은 『열반경涅槃經』에서 말한 열반에 드는 세 가지 덕을 말한다. ①법신덕法身德은 상주불멸常住不滅의 법성法性을 몸으로 쌓는 것이다. ②반야덕般若德은 진실상眞實相을 있는 대로 깨닫는 붓다의 지혜를 말한다. ③해탈덕解脫德은 일체의 장애에서 벗어난 상락아정常樂我淨의 덕이 있는 것을 말한다.

삼세제불 의반야바라밀다고 득아뇩다라삼먁삼보리
三世諸佛 依般若波羅蜜多故 得阿耨多羅三藐三菩提

지난날 어둠의 티끌과 번뇌·망상을 비우는 그것이 과거불이요, '지금' '나' '여기'에서 어둠의 티끌과 번뇌·망상을 비우는 그것이 현재불이요, 또한 앞으로 올 어둠의 티끌과 번뇌·망상을 비우는 그것이 미래불인 것입니다. 이같은 삼세의 실상을 반야로써 비춰 보면, 과거의 번뇌가 공이므로 과거의 성불이고, 현재의 번뇌가 공이므로 현재의 성불이며, 미래의 번뇌가 공이므로 미래의 성불이 되는 것이지요.

이같이 과거와 현재와 미래의 모든 부처가 반야바라밀다에 의지하여 어둠 속의 망상과 티끌과 번뇌를 비우게 되면 삼세제불 모두가 아뇩다라삼먁삼보리[13]를 얻습니다. 이 아뇩다라삼먁삼보리는

---

13 아뇩다라삼먁삼보리阿耨多羅三藐三菩提, Anuttarasamyaksambodhi는 불교 최상의 이상인 불과佛果의 지혜이다. '아뇩다라'라고 약칭한다. 아뇩다라는 무상無上의 뜻이고, 삼먁삼보리는 정변지正偏智·정등정각正等正覺의 뜻이다. 구역舊譯에서는 무상정변지無上正偏智 또는 무상정변도無上正偏道라 하고, 당唐 이후의 신역新譯에서는 무상정등정각無上正等正覺이라 한다. 무상정등정각은 보리菩提의 종극終極으로, 오로지 붓다의 지혜이다. 따라서 아뇩다라삼먁삼불타阿耨多羅三藐三佛陀란 무상정등정각자無上正等正覺者의 의미로 붓다를 말한다. 붓다는 범부의 불각不覺과 이교도의 사각邪覺이 아님은 물론 성각聲覺·연각緣覺의 편각偏覺도 아니며 보살 이상의 무상지자無上智者이기 때문이다.

범어로서 그 뜻은 '위없는 정각평등의 깨달음[无上正等正覺]'입니다. 즉 보리는 가장 높고, 보리는 가장 평등하며, 보리는 가장 진실하기 때문에, 또한 위없이 바른 진실한 도라고 말한 것입니다.

앞서 말했듯이 모든 법의 텅 빈 공상空相 안에서 범부는 오온18계의 법이 없고, 성문은 고·집·멸·도 사제四諦의 법이 없으며, 연각은 12인연의 법이 없고, 보살 또한 얻을 수 있는 지혜도 얻은 바 없으므로 법 또한 없는 것입니다. 이것을 뭉뚱그려 말한다면 삼승三乘의 법이 없으니 삼승이 돌고 돌아 일불승一佛乘으로 돌아가고, 구법계九法界가 돌고 돌아 일불계一佛界로 다함께 돌아가게 되는 것입니다.

고지반야바라밀다 시대신주 시대명주
故知般若波羅蜜多 是大神呪 是大明呪
시무상주 시무등등주 능제일체고 진실불허
是无上呪 是无等等呪 能除一切苦 眞實不虛

반야바라밀다에 의지하여 수행하면 부처는 보리를 증득하고, 보살은 대열반을 증득하게 됩니다. 따라서 반야바라밀다는 위대한 신주[大神呪]로서 위신력이 매우 크기 때문에 능히 중생을 제도하여 깨달음에 이를 수 있게 하고, 위대한 명주[大明呪]로서 중생의 어두운 번뇌를 능히 깨뜨려 없앨 수 있으며, 위없는 상주无上呪로서 더 이상 있을 수 없는 최상의 반야인 것입니다. 그리고 이와 비슷한 것도 없는 주문[无等等呪]으로서 반야는 부처의 어머니이므로, 모든 부처가 이를 통해 생겨나게 되니, 어떤 법도 능히 이와 같거나 비슷할 수도 없습니다.

또한 능히 일체의 고통을 없앨 수 있으므로[能除一切苦] 반야바라밀다에 의지하여 수행하게 되면 삼계의 불타는 집[火宅]에서 벗어날 수 있고, 생사윤회의 고통을 멀리 여읠 수 있습니다. 그리고 진실로 허망하지 않은[眞實不虛] 마음이 바로 부처이므로, 결단코 헛된 것이 아닙니다.

고설반야바라밀다주 즉설주왈
故說般若波羅蜜多呪 卽說呪曰

『심경』에는 드러내어 말한 것[顯說]이 있고 드러나지 않고 은밀히 말한 것[密說]이 있는데, 지금 제가 말하는 것은 지극히 은밀한 것입니다. 그리고 은밀한 것은 또한 지극히 간단한 것입니다.

아제아제 바라아제 바라승아제 모지사바하
揭諦揭諦 波羅揭諦 波羅僧揭諦 菩提娑婆訶

그러므로 은밀하다는 것은 해석할 수 없고, 또한 사람이 알 수도 없습니다. 불문에 있는 많은 사람들 가운데는 드러난 가르침[顯敎]에 따라 수행하는 사람도 있고, 은밀한 가르침[密敎]에 따라 수행하는 사람도 있습니다. 이를테면 '대비주'나 '능엄주' 등은 모두 해석할 수 없는데, 만약 해석할 수 있는 것이라면 은밀하다고 할 수 없는 것입니다. 따라서 은밀하다고 하는 것은 마치 사람이 물을 마시는 것과 같습니다. 즉 차갑다거나 따뜻하다거나 하는 것은 스스로 알 수 있는 것이므로, 비록 설명을 듣지 않거나 해석하지 않더라도 자기 스스로는 알 수 있는 것입니다. 그래서 오늘 제가 이 주문의 의미를 줄여서 간단하게 설명하고자 합니다.

아제아제(揭諦揭諦, Gate-Gate): 가자, 가자.

바라아제(波羅揭諦, Para-Gate): 저 언덕 가자.

바라승아제(波羅僧揭諦, Para-Sangate): 우리 모두 저 언덕으로 가자.

모지사바하(菩提娑婆訶, Boddhi-Svaha): 빨리 이루어 보리를 증득하자.

摩訶般若波羅蜜多心經

唐 三藏法師 玄奘 譯

觀自在菩薩 行深般若波羅蜜多時 照見五蘊皆空 度一切苦厄 舍利子 色不異空 空不異色 色卽是空 空卽是色 受想行識 亦復如是

舍利子 是諸法空相 不生不滅 不垢不淨 不增不減 是故空中无色 无受想行識 无眼耳鼻舌身意 无色聲香味觸法 无眼界 乃至无意識界 无無明 亦无無明盡 乃至无老死 亦无老死盡 无苦集滅道 无智亦无得

以无所得故 菩提薩埵 依般若波羅蜜多故 心无罣礙 无罣礙故 无有恐怖 遠離顚倒夢想 究竟涅槃 三世諸佛 依般若波羅蜜多故 得阿耨多羅三藐三菩提

故知般若波羅蜜多 是大神呪 是大明呪 是无上呪 是无等等呪 能除一切苦 眞實不虛 故說般若波羅蜜多呪 卽說呪曰

揭諦揭諦 波羅揭諦 波羅僧揭諦 菩提娑婆訶

큰 지혜로 자유의 언덕을 건너가는 으뜸의 경

역자 해석

관자재보살이 깊은 지혜로 저 언덕으로 건너가려 할 때, 오온이 텅 비었음을 비춰 보고, 모든 고통과 액난에서 벗어났느니라. 사리자여! 이 세상의 물질과 형상은 비어 있음과 다르지 않고 비어 있음은 형상과 다르지 않으므로, 색이 곧 공이요 공이 곧 색이며, 수·상·행·식도 또한 이와 같으니라.

사리자여! 법계의 공상은 본디 생겨나지도 않고 멸하지도 않으며, 더럽지도 않고 깨끗하지도 않으며, 늘어남과 줄어듦도 없느니라. 그러므로 텅 빈 모습에는 형상도 없고 감각과 생각, 그 작용과 인식도 없으며, 눈·귀·코·혀·몸·요량도 없으니 색·성·향·미·촉·법도 없느니라. 또한 시각의 경계에서 의식의 경계도 없으니, 어둠도 없고 어둠의 다함도 없으며, 늙어 죽음도 없고 늙어 죽음의 다함도 없으므로, 고통의 쌓임과 소멸의 방법도 없으며, 지혜도 없고 지혜의 얻음조차도 없느니라.

이와 같이 얻는 바가 없기 때문에 보리살타는 반야바라밀다에 의지하여 마음에 걸림이 없고, 마음에 걸림이 없으니 두려움이 있을 수 없으므로 꿈같이 뒤바뀐 생각을 멀리 여의어 마침내 열반적정에 이르는 까닭에 삼세제불도 모두 반야바라밀다에 의지하여 정각평등의 지혜를 얻었느니라.

그러므로 알지어다. 반야바라밀다는 가장 신묘한 주문이요, 가장 밝은 주문이요, 위없는 주문이요, 이와 같은 최상의 주문은 없느니라. 따라서 일체의 고통을 능히 제거하고 진실로 허망하지 않으므로 반야바라밀다주문을 설하였으니 이 주문을 일컬어 가로대;

Gate-Gate, Para-Gate, Para-Sangate, Boddhi-Svaha.

護法金剛 聖一和尙行狀

　聖一法師, 字玄機, 俗姓陳, 廣東新會人, 1922年 11月生, 19歲時在蓮花山西竺林剃度出家, 隨後至鑽石山志蓮淨苑, 聽韋菴法師講『四十二章經』,『怡山禪師發願文』等經典, 四年後在韶關南華寺受三檀大戒, 戒師爲虛雲老和尙.

　受戒後, 聖一法師住南華寺, 爲複仁大和尙衣鉢侍者, 有機緣親近虛雲老和尙. 一日, 老和尙慨歎佛法衰落之時, 聖一法師堅定地說, "不會! 佛卽心, 誰能滅心! 心不能滅, 那又如何滅佛?"

　四十年代的中國, 內憂外患, 變亂迭起, 民不聊生, 南華寺面臨著斷糧的危機. 聖一法師在虛雲老和尙的鼓勵之下, 主動承擔起籌備糧食的重任. 他不負重望, 在極其艱難的歲月中, 確保了寺院米糧的供應, 初顯他護法之心.

　1945年, 聖一法師離開南華寺, 到廣州六榕寺, 上海玉佛寺和鎭江焦山定慧寺參學兩年有餘, 於1948年回到香港, 居祇園靜室, 誦經修行之餘, 經常應邀在不同的道場講經.

　1951年, 聖一法師有感於宏揚淨土的人甚多, 而禪門冷落, 遂發心繼振宗風. 隨在冬季, 與同參震天, 性空, 慈祥, 明鏡, 妙境等法師, 於地塘仔'寶林禪寺'打禪七. 從此以後, 聖一法師常在大嶼山, 地塘仔, 昂平一帶用功參禪, 期有數年.

1958年, 虛雲老和尚托人轉告聖一法師, "恐明年汝不復見吾爾." 聖一法師聞即會意, 立即回雲居寺求法, 為溈仰宗第九代傳人. 虛雲老和尚把自己平時使用的紫衣傳給聖一法師, 以示溈仰正統傳人.

1960年, 聖一法師在寶蓮禪寺擔任維那及西堂之職, 常見一苦行僧在地塘仔和昂平之間的小路上運沙搬石, 三年來從不間斷. 一日, 聖一法師上前詢問: "您常年如此辛苦, 到底是為什麼?" 苦行僧答道: "起道場." 聖一法師護法之心又一次昇起, 把信徒供養的果儀, 悉數用以完成苦行僧悟明法師建寺安僧的心願. 這就是寶林禪寺的起源. 一年後, 悟明長老往生, 聖一法師住持寶林禪寺.

1979年, 大陸宗教政策落實後, 聖一法師朝禮普陀山時, 看到殘缺不全的佛菩薩像而心痛, 他再次發起護教熱情. 對普陀山的修復工作, 拉開了聖一法師協助內地各道場重建的帷幕, 經他資助而修復的道場有: 雲居山真如寺, 九華山廬山東林寺, 西安臥龍寺, 成都昭覺寺, 山丹縣大佛寺, 五臺山普壽寺等. 此外, 聖一法師也得無著庵衍純法師幫忙, 為全國道場供應金箔, 為佛像貼金, 使無數佛菩薩像再現金身, 聖一法師因而有'護法金剛'之稱譽.

1983年, 寶蓮禪寺推舉聖一法師為第五代住持, 秉行古風, 領眾熏修, 建造大佛, 再顯其護法本色.

1990年, 聖一老和尚在寶蓮禪寺退去後, 在寶林禪寺興殿堂, 行祖訓, 奬徒衆, 立清規: 夏則安居誦經習教, 冬則打七參禪, 早晚二時課誦, 早午二次過堂用齋: 日誦兩部『金剛經』, 夜坐兩枝靜香: 半月誦戒布薩, 嚴淨戒律: 春耕秋收, 出坡種荣, 生活清淡恬靜, 道場清修, 農禪並重, 家風遠揚, 爲世人稱道.

2010年 8月, 老和尚安祥示寂, 世壽92歲, 僧臘69載, 戒臘67秋. 聖一老和尚師從虛雲禪師參禪悟道, 有學有修, 終身不輟. 老和尚從生護法, 經他修復的祖師道場, 遍及全國, 弘法足跡, 遍佈海內外, 是現代中國佛教復興發展的重要見證人和參與者. 聖一老和尚言語不多, 但句句中肯, 道風高尚, 言行盡顯一代禪師風範.

Venerable Sing Yat (1922-2010)

The Great Dharma Teacher and Practitioner

He was born in November 13 1922, surnamed 玄機 as a layman. His ancestry was from Xinhui county of Guangdong. He was the second of the three son and two daughters between 陳(father) and 林(mother). He was raised in a wealthy family.

In his childhood, when his friends caught to play with cricket and bird, he bought them by his money and let them out. And, he was crying while he saw the chicken soup for his family. One day, he saw the chicken to be sold, on the way to meet the doctor, he bought it and released. And then, his disease got better. And he released the carp had set for celebration of new year's eve. After family olders saw his extraordinary behaviors, they predicted he would be a grand man.

He renounced the secular life and became a monk at the age of 19. He learned from his teacher, 韋菴法師, about 『四十二章經』 and 『怡山禪師發願文』 and so on. He received from complete precepts of a monk from 虛雲和尙. Once day, he listened his teacher was infuriated in the regression of Buddha-Dharma because of internal and external troubles in China. At that time, he adamantly said "That is not right, as Buddha-Dharma is the same as mind, who does remove the mind? If the mind is not removed, Buddha-Dharma also does not disappear."

He devoted himself to Buddha-Dharma in diverse place. And he emigrated to Hongkong in 1948. He preached and taught differently from the established Hongkong Buddhism. At that time, Hongkong's Buddhism was prevalent with Pure-Land religion. So, there was only a little person in 禪宗寺刹. To spread the precepts of traditional 禪宗, he took the valor devotion with Buddhist priests of high virtue in 寶林禪寺(Po Lin Monastery).

He was on ninth descendent of Buddhism in 潙仰宗, supporting food, clothing, shelter of his members of 寶

林禪寺. When China' Buddhist policy was on relax, he supported the Chinese temples and paid the way to new relationship between Hongkong and China. In July, 1980, as Confederation of China Buddhism visited to Hongkong, it was time to dissolve the tension relation between Hongkong and China. Then after, both relations were better under the diffusion in directions of the diverse economic and social fields. So, he got a Buddhist name called 護法金剛 from both countries in remembrance of developing the revival and reform in China Buddhism.

He was the fifth abbot of 寶蓮禪寺(Po Lam Monastery) in succession of abbot 慧命. And then, he devoted his effort in the development of 寶蓮禪寺, building halls and chambers, teaching Dharma, establishing rules and disciplines. He made preaching and teaching of Buddhism in the summer and practicing and meditating of it in the winter.

After retirement from 寶蓮禪寺, he attained his perfect rest in August, 3 2010, aged 92, having been ordained for 67 years. He was usually a taciturn person and did follow faithfully own's word. He lived as proverb such as "both walking, standing, sitting, lying, and speaking, tacit, moving, quiet are the same as normal behavior." He was worshiped as one of distinguished monks in modern period as achievement of developing Zen and educating of disciplines. His writing is 『禪七開示』 and leaves many preach books.

참고문헌

1) 『佛說首楞嚴三昧經』, 江北刻經處 磚橋法藏寺刊, 民國五年仲夏.
2) 『六祖大師法寶壇經曹溪原本』, 民國18年10月, 經房出貲重刊, 金陵刻經處.
3) 西蜀 野衲智徹 述, 『禪宗決疑集』1卷, 民國九年仲夏, 金陵刻經處.
4) 唐 沙門 義淨 撰, 『大唐西域求法高僧傳』上·下卷.
5) 姚秦 三藏法師 鳩摩羅什 奉詔譯, 『金剛般若波羅蜜經』 (唐人寫 敦煌石室 金剛經眞蹟), 臺北, 弘福寺藏, 民國51年(1966).
6) 涵虛堂 得通 說誼, 『金剛經五家解』, 慶尙道(蔚山), 圓寂山雲興寺刊, 康熙二十年(1682).
7) 退翁 性徹 述, 『六祖壇經指針書』, 海印寺出版部, 佛紀 2531年(1987).
8) 鏡峰大禪師 著, 『圓光閒話』, 通度寺 極樂護國禪院, 1979.
9) 靑潭 大宗師 講述, 『金剛經大講座』, 普成文化社, 1992.
10) 白性郁 博士 懸吐, 『金剛般若波羅蜜經』, 金剛經讀誦會編, 1979.
11) 元曉 著, 李箕永 譯, 『金剛三昧經論』, 大洋書籍, 1975.
12) 金知見 著, 『東과 西의 思惟世界』, 民族社, 1991.
13) 無比스님 著, 『金剛經 講義』, 佛光出版社, 1994.
14) 康東均, 『新羅元曉の 淨土思想研究』, 東京大學敎 修士論文, 1979.

15) 藤能成, 『元曉의 往生因에 관한 考察』(『石堂論叢』16集), 東亞大學校, 1990.

16) 徐在鴻, 『無量壽經宗要를 통한 元曉의 淨土思想』, 東亞大學校 碩士論文, 2012.

17) 吳經熊 著, 徐燉珏·李楠永 共譯, 『禪學의 黃金時代』, 三一 堂, 1978. (By John C. H. Wu, *The Golden Age of Zen*, Seton Hal University Honorary President College of Chinese Culture, 1967)

18) Robert Buswell Jr, 『文化·宗敎的 元形으로서의 元曉』(『佛敎硏究』 11, 12輯), 韓國 佛敎硏究院, 1995.

19) 小川一乘 著, 『中觀思想論』, 京都, 法藏館, 2004.

20) 山口 益 著, 『大乘としての 淨土』, 東京 大法輪閣, 平成19年(2007).

21) 中村 元 著, 『初期のヴェーダンタ哲學』, 東京, 岩波書店, 2012.

22) 赤沼多佳(三井記念美術館), 『茶の湯』, 東京國立博物館, 2017. Chanoyu-The Arts of Tea Ceremony, The Essence of Japan, 2017.

23) Tu Wei-ming, *Humanity and self-cultivation: Essays in Confusion Thought*, cheng&Tsui Company, Boston, 1998.

24) 耘虛 龍夏 編著, 『佛敎辭典』, 東國譯經院, 1985.

25) 金勝東 編著, 『佛敎·印度思想辭典』, 釜山大學校出版部, 2001.

26) 『辭源』(縮印合訂本), 北京·香港, 商務印書館, 1987.

27) 漢 許愼 撰, 淸 段玉裁 注, 『說文解字注』, 上海古籍出版社, 1988.

28) 漢 許愼 撰, 『校刊宋本說文解字』, 臺北世界書國股份有限公司, 2013.

29) By SIR M.MONIER-WILLIAMS, *SANSKRIT-ENGLISH DICTIONARY*, OXFORD AT THE CLARENDON PRESS, 1960.

30) By CHARLES ROCKWELL LANMAN, *A SANSKRIT READER*, Harvard University Press, 1978.

추천 도서와 홈페이지

역자 소개

추천 도서와 홈페이지

송계도인 무구자松溪道人 無垢子 주해, 한암대원 선사閒庵大元 禪師 강설, 『반야심경-무구자 도인 주해』, 불광출판사, 2012.

이 책을 지은 송계도인 무구자는 중국 송대宋代의 승려로 알려져 있을 뿐, 그의 출가본사와 생몰연대가 기록되어 있지 않다. 다만 주변 사람들에게 "천축의 『반야심경』을 내가 주해하였으니 읽어 보십시오"라고 하여 자세히 들여다보니 내용이 탁월하여 『속장경續藏經』에 실었다고 전한다. 이 책은 당나라 때 조주潮州의 대전 조사大顚祖師가 지은 『반야심경주해』와 함께 우리나라 여말선초麗末鮮初 선가禪家의 필독서로 알려져 왔다.

『속장경』은 고려 대각국사 의천(義天, 1055~1101)이 고려 현종 때 『초조대장경初雕大藏經』에서 빠진 것을 거란과 송·일본에서 경전을 구하여 보완·간행한 것이다. 1085년 의천은 송나라로 가서 3천여 권의 장章과 소疏를 수집하여 이듬해 귀국하였다. 이때 거란과 일본에서 수집한 경전은 『신편제종교총록新編諸宗教總錄』으로 펴내고 『속장경』은 흥왕사교장도감興旺寺教藏都監을 설치하여 이듬해 완성하였다. 그 후 대구 부인사符仁寺에 소장되어 있었으나, 고려 말 몽

고의 침입으로 소실되어 지금은 그 목록과 경장의 일부분만 해인사와 일본 대마도현에 남아 있다. 다만 대전 조사의 주해에는 유가나 도가의 견해가 없으나, 무구자의 주해에는 유가와 도가의 견해가 수록되어 있어 송대의 유儒·불佛·도道 삼가 사상의 사조를 가늠할 수 있다.

역자인 대원 선사는 1958년 상주 남장사南長寺로 출가하여 혼해混海, 고봉高峰, 관응觀應 스님으로부터 일대시교一代示敎를 이수하였다. 오대산 상원사, 팔공산 동화사, 토함산 불국사, 가야산 해인사, 영축산 통도사 등 제방의 선원에서 안거한 후, 고암古庵 종사로부터 전법계를 받았다. 1986년 익산의 옛 제석사지帝釋寺址에 학림사를 세워 시민선방을 열고, 선불교의 대중화에 앞장섰다. 전국선원수좌회의 수석대표를 역임하였다.

페이융費勇 저, 허유영 옮김, 『평생 걱정 없이 사는 법』, 유노북스, 2017.

이 책의 원제는 『심불누적활법: 심경수심과(心不累的活法: 心經修心課)』이다. 저자는 현재 중국제남濟南대학의 강사이고, 옮긴이는 한국외국어대학 대학원 통번역학과 출신이다. 이 책의 저자는 최근 『금강경』을 주해한 『초조하지 않게 사는 법(不焦慮的活法: 金剛經修

課)』을 출간한 후 이어『반야심경』을 주해하여 펴냈다. 페빨 선생은 1990년부터 다년간 불교의 수심법修心法에 관한 책을 발표하였다. 이 책은『반야심경』을 대중의 눈높이에 맞춰 서술한 것으로 그의 대표작으로 평가되고 있다.

무비無比 스님 저,『금강경 강의金剛經講義』,
불광출판사, 1994.

무비無比 스님은 1958년 부산 범어사에서 여환如幻 스님을 은사로 출가한 후 해인사 강원을 마치고 동사 퇴설원과 통도사, 송광사 등 여러 선원에서 안거수선하였다. 이후 오대산 월정사의 탄허呑虛 선사 문하에서 선교겸전禪敎兼全하여 탄허 선사의 법을 이은 강백講伯으로 알려져 있다. 범어사와 통도사 강주, 은해사 승가대학 원장 등을 역임하였고『화엄경』을 완역하였다. 1994년『금강경』을 초판 발행한 후 현재까지 장기 발간되고 있다.

역자가 서문에서 "팔만장경을 인체의 전신에 비유한다면『금강경』은 머리에 해당되고,『심경』은 두 눈에 해당된다"고 소개하였다. 즉『심경』의 260자 행간 사이에 생략된 함의를 이해하려면『금강경』을 읽지 않고는 자칫 희론戱論에 빠질 수 있기 때문이다. 이와 마찬가지로『금강경』을 이해하려면 원 텍스트에 해당되는『반야심경』

의 요지를 이해해야 한다. 만약 『반야심경』을 이해하지 못하고 『금강경』을 서술하거나 강론하게 되면 그 핵심을 놓칠 수 있기 때문에 반드시 두 경을 병행해서 읽기를 권하는 바이다.

법상法相 스님 저, 『금강경과 마음공부』,
도서출판 무한, 2008.

법상 스님은 동국대학교 대학원에서 불교학을 마친 후 불심 도문佛心 道文 선사를 은사로 출가하였다. 스님은 "나고 죽는 현재가 바로 수행도량이다"라는 취지로 '목탁소리moktaksori.net'를 운영하며 일반 대중들에게 수행과 명상, 자연과 환경을 주제로 강론하여 널리 알려져 있다. 이러한 강론은 조계종 홍법 사이트인 달마넷과 법보신문, 한국일보 등에 연재되면서 독자들의 호응을 받았다. 2004년 같은 출판사에서 『반야심경과 마음공부』도 펴내 이때부터 독자들의 관심을 받았다.

오경웅吳經熊 저, 서돈각徐燉珏·이남영李楠永 공역,
『선학禪學의 황금시대黃金時代』, 삼일당, 1978.

이 책의 중국어 원제는 『禪學的黃金時代』이고, 영문은 *The*

Golden Age of Zen(Seton Hall University Honorary President College of Chinese Culture, 1967)이다. 저자 오경웅(吳經熊, 1899~1986)은 1899년 중국 절강성 영파시寧波市 운현에서 태어나 1920년 상해 동오대학을 졸업한 뒤, 미국 미시간대학에서 법학박사를 받았다. 그 후 하버드대학과 베를린대학, 파리대학을 거치면서 서양철학과 문학을 이수하고, 하와이대학에서 법학과 문학, 철학을 강의하였다. 이후 대만의 중화민국입법위원과 로마교황청 전권대사를 거쳐, 대만 문화대학 철학교수와 총통부總統部 고문직을 역임하였다. 1978년 6월 한국을 방문한 그는 신라의 화랑도 정신과 한국의 선학에 대해 깊은 관심을 가졌다면서 이 책의 한국어판 서문에서도 이들의 사상이 주요 텍스트가 되었음을 밝혔다.

이 책이 처음 발간될 때 가톨릭 신부이자 세계적 지성으로 알려진 토머스 머튼은 서장에서 다음과 같이 말했다.

> 오경웅(Jhon C. H. Wu) 박사는 법학자이자 외교관이며 가톨릭 신자로서 영적 자유를 지닌 분이다. 그는 선불교Zen-Buddhism에 관해 귀동냥한 연구자가 아니라, 마음의 가장 깊고 근원적인 밀지密旨를 인간의 언어로 풀어 구체화시키는 지도리[樞紐]의 능력을 가지고 있다. 그는 이 책에서 유교나 도교, 기독교 사상을 끌어들이는 데 주저하지 않는

다. 실제 그가 『신약성서·요한복음』의 중어역본中語譯本에서 "태초에 하늘이 있었다"를 '도道가 있었다'라고 서술한 적이 있다.(…)

서양에서 선禪에 관해 논의되고 있지만, 일반 독자는 읽어도 그 이상의 것은 이해하지 못한다. 즉 '선'이 어떤 경지인지에 대한 최소한의 이해 없이는 선에 관한 고전적 자료로 가득 찬 이 책이 어리둥절할 것이다. 예컨대 상식을 뛰어넘은 기행과 비논리적 유머, 모순과 당착의 횡설수설橫說竪說 등은 무엇 때문인가? 그것은 논리적인 서구사회를 명확히 만족시킬 수 없는 내밀한 목적 때문이다. '선'에 범심론 Pantheism, 적정주의Quietism, 교의주의Illuminism 등의 딱지를 붙이려는 것은 부적절하다. 따라서 선은 인간의 길을 정당화하려는 과정에서 출발한다. 그러므로 선은 기독교와 같이 신神과 관련짓고 있는 것이 아니다. 공空, sunyata의 선체험禪體驗과 기독교적 신비주의에 대한 그럴듯한 유추는 가능하지만, 선이 불교만의 소리라고 단정할 수는 없다. 물론 선불교에 교리적 함의가 있긴 하나, 그것은 부차적인 요소에 지나지 않는다.

머튼의 글을 요약하면 "선은 불교의 카테고리에서 벗어나 인간과 우주가 하나 되는[梵我一如] 인간 본체의 표출"이라는 것이다. 또한 위 글에서 '선이 불교만의 소리라고 단정할 수 없다. 물론 선불교에 교리적 함의가 있긴 하지만, 그것은 부차적인 요소이다'라고 한 것은 선가의 전통교지인 "경전 밖에 따로 전하는 것은 문자로써 전할 수 없으니, 바로 사람의 마음을 가리켜 자성自性을 보고 깨달음을 이루는 것이다[教外別傳 不立文字 直指人心 見性成佛]"와 같은 의미이다.

요컨대 선禪은 언어와 문자를 떠난 경계이므로 실수실참實修實參이 아니면 불가능하다. 그래서 선종오가禪宗五家 중 가장 거친 가풍을 지닌 임제종과 운문종에서는 사유조차도 '알음알이', 즉 '생각의 헤아림[思量]'이라 하여 부정한다. 특히 남의 것을 제 것인 양 표절한 '사어死語'나 '속임수'에는 서릿발 같은 마조지할馬祖之喝과 덕산지봉德山之棒을 면치 못한다. 이러한 선의 세계에서 만약 머튼이 상학上學 중의 상학인 "색이 공과 다르지 않고, 공이 색과 다르지 않으니, 색이 곧 공이요, 공이 곧 색이다色不異空 空不異色 色即是空 空即是色"라는 『심경』의 요지를 알았더라면, 그 날카로운 잣대로 어떤 의미를 부여했을까? 종교religion라고 했을까, 철학philosophy이라고 했을까? 여기서 우리는 '종교'와 '철학'이 무엇인지에 대한 해묵은 명제命題 앞에 마주서게 된다.

이 책 제3장인 중국 선불교禪佛敎의 위대성과 육조 혜능六祖慧能에 대해 오吳 박사는 다음과 같이 서술하였다.

바람이 불고 싶은 대로 불듯, 하늘이 내린 사람은 뜻밖의 장소에서 나타난다. 혜능이 그런 사람 중의 하나로 공자·노자·장자와 같은 무리에 속한다. 그의 제자들이 펴낸 『법보단경法寶壇經』(The Altar-sūtra of the Dharma-Treasure)은 중국인이 저술한 불교문헌 가운데 가장 훌륭한 걸작이다. 이 작은 책이 『대장경大藏經』(Tripitaka)의 반열에 오른 것은 결코 우연한 일이 아니다. 따라서 『법보단경』(또는 『육조단경六祖壇經』)은 학문 연구에 천착한 학자의 글이 아니다. 그것은 진리에 목마른 나머지 마음속 깊은 밀지密旨를 밝힌 진인眞人의 글이다. 그의 말은 분수의 물줄기와 같다. 이 물맛을 한번 본 사람은 누구나 그 영혼을 청신淸新하게 하는 것을 깨달을 것이고, 그것이 붓다가 품고 있던 마음에서 분출하는 것임을 알게 될 것이다. 즉 깨달음에 이른 사람을 알아보려면 깨달음에 이른 사람만이 가능하다. 그래서 깨달은 사람만이 자신과 일체중생의 마음에 내재하는 불성佛性을 찾을 수 있는 것이다.

이 책이 나오자 일본의 선학자인 스츠키 다이세츠(鈴木大拙, 1870~1966) 박사는 "모든 참된 종교적 경험의 본질을 통찰한 것이다"라고 찬사를 표한 바 있다.(1966. 1. 30. 於 鎌倉) 이 책은 처음 미국에서 우吳 박사의 연구논문으로 간행되었으나, 1967년 우 박사의 제자인 뉴저지의 오이(吳怡, John E. Wu) 선생이 중어판으로 번역하여 5판을 거듭하자 1978년 당시 동국대학교 총장이던 서돈각徐墩珏 박사와 서울대 이남영李楠永 교수가 한국어판으로 공동 번역하였다. 1986년 류시화 옮김의 『선의 황금시대』(경서원)가 발간되었고, 2006년 김연수 옮김의 『선의 황금시대』(한문화)가 출간된 바 있다.

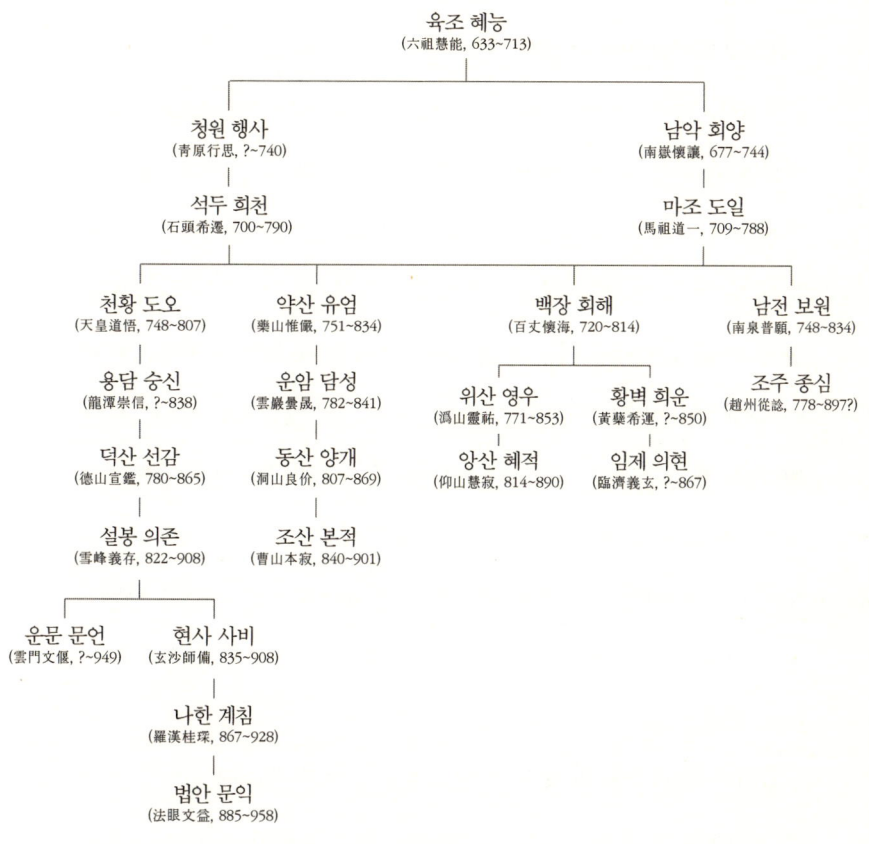

위의 도표는 오경웅 저 『선학의 황금시대』(삼일당, 1978) p.55에서 재인용하였다. 당대唐代에 형성되었던 선종오가[禪宗五家-위앙潙仰·조동曹洞·법안法眼·임제臨濟·운문雲門]가 중국 정치와 사회의 변화에 따라 소멸되었으나 위앙종은 청대清代 이후 홍콩에서 제8대 허운 종사(1839~1959), 제9대 성일 종사(1922~2010)로 이어져 왔고, 임제종은 한국, 조동종은 일본에서 현재까지 이어지고 있다. 향후 중국 사회의 변화에 따라 교종教宗과 밀종密宗은 재창종될 수 있으나 자유로운 정신세계를 허용하지 않는 현재로서는 선종의 재창종은 낙관하기 어렵다.

http://www.plm.org.hk

　홍콩의 '보련선사寶蓮禪寺' 사이트이다. 이 사이트는 보련선사의 역사와 홍보에 치중한 것이지만 성일 종사의 행장과 업적을 알기 위해서는 이 사이트 외에는 달리 찾을 수 없다. 하지만 이 사이트를 통해 도시국가인 홍콩불교의 위상과 저력을 알 수 있다. 우리는 홍콩을 아편전쟁 이후 영국의 식민지로서 광동과 복건 등지에서 이주한 사람들로 인해 인구밀도가 높은 무역중개지로 알고 있다. 하지만 19세기 광동학풍(廣東學風, 浙西學脈)을 이은 근대 동서문화의 접경지로서 첨단물류산업과 정보를 갖춘 세계적 금융도시이자 교육도시이다. 이러한 도시국가에서 대서산 보련선사는 대륙의 선종사찰 승려들이 이주하여 중국불교의 암흑기를 극복하고 중흥하는 요람이 되었다.

　보련선사의 수행 방법과 우리나라 선종사찰의 수행 방법은 역대 중국 선종사찰의 영향으로 별 차이가 없다. 하지만 육조 혜능의 영향을 받은 한국 선종사찰에서는 종사宗師 지위급의 대덕화상은 방장方丈과 종정宗正 등 정신적 지도자로서의 소임을 지닐 뿐, 총림 운영의 주지 소임은 맡지 않는다. 그러나 위앙종의 홍콩 사찰에서는 종사급의 대덕화상이 되어야 주지에 추대될 수 있음을 알 수 있다. 그것은 수행과 덕망이 높은 사람이 이판승理判僧과 사판승事判僧을 잘 아울러 육바라밀을 성취할 수 있다는 취지로 보인다.

http://moktaksori.net

법상 스님의 블로그이다. 『반야심경과 마음공부』의 계보를 이은 『금강경과 마음공부』를 독자들과의 대화를 통해 하나의 생활 속 경전 실천장으로 이끌어 네티즌들의 눈길을 끌고 있다. 『반야심경』과 『금강경』은 2500년간 인류정신사의 정점에서 빠뜨릴 수 없는 가르침 가운데 하나이다. 이 두 경전은 우리의 삶과 여정에 대한 의문을 냉정하게 풀어 준다. 다시 말해 현상계現象界에 대한 부정과 긍정을 통해 인식을 전환하여 현실을 있는 그대로 긍정함으로써 보다 자유롭고 여유롭게 살아갈 수 있는 길을 제시할 것이다.

http://www.sutra.re.kr

고려대장경연구소 사이트이다. 고려대장경연구소는 고려대장경의 연구 보존과 전산화를 통한 데이터베이스 구축을 위해 설립된 연구소이다. 세계 최초로 8만 1238판의 고려재조대장경高麗再造大藏經을 입력하였고, 그 영인본과 고려초조대장경高麗初雕大藏經의 이미지 데이터베이스를 구축하였다. 불교경전의 원전 자료 등을 빠짐없이 모아 올바르고 체계적으로 정리하여 누구나 손쉽게 접근할 수 있도록 하였다. 그리고 인접 학문과의 접맥을 통해 불교를 열린 공간으로 이끌어 내기 위해 불교와 서양철학, 신학神學과 현대과학의 관점에서 불교의 근본사상인 공과 연기를 재해석한 논문들을 발표하고 학술회의도 열고 있다. 그 외 학술서적도 간행하고 있어 불교와 관련된 많은 자료를 찾을 수 있다.

역자에 대하여

서재홍徐在鴻 jungso1105@hanmail.net

1950년 12월 부산에서 태어나 초·중·고는 부산에서 다녔고, 대학은 서울과 부산에서 마쳤다. 70년대 초 대학가에 불어닥친 '개인의 자유가 만인의 자유를 보장하고, 만인의 자유가 개인의 자유를 보장하는 사회 질서'라는 신아나키즘neo-anarchism과 좌우이념으로 혼란스러울 때 가학家學인 독서讀書와 신독愼獨으로 극복하였다.

이후 '사회변화에 따른 의식의 변화와 의식의 변화에 따른 사회변화'라는 이념의 정당성보다 개인의 삶이 우선했던 역자는 가솔의 책임자로서 생업에 전념하였다. 그러나 학문에 대한 미련을 떨치지 못하여 뒤늦게 동아대학교 대학원에서 석사과정으로 인도철학을 이수하고, 박사과정은 부산대학교 대학원에서 중국철학을 이수하였다. 이러한 가운데 아산학회亞山學會에서 야산 이달也山李達 선생과 아산 김병호亞山金炳浩 선생의 역학사상易學思想을 바탕으로 '육경六經'에 대한 논문을 부산·대구·안동·영주 등 10개 지부에서 발표하였다.

발표논문은 「格物致知의 보편적 이해와 사회적 변화」(『아산학회 학술논문』 11집, 2001),「世界와 나-中庸章句集註를 중심으로-」(『아산학회 학술논문』 13집, 2003),「宋朝六賢의 易學思想과 해석학적 신유학」(『아산학회 학술논문』 18집, 2008),「哲學과 道學」(『茶와 人生』 제6집, 2009),「禮와 樂의 상관관계와 긴장관계」(『禮茶文化硏究』 제16권, 2010),「無量壽經宗要를 통한 元曉의 淨土思想」(동아대학교 석사논문, 2012),「仁禮義智는 한국인의 正體性」(『禮茶文化硏究』 제20권, 2014).「한국性理學에 나타난 한국인의 正體性」(부산대학교 연구논문, 2015) 외 10여 편이다.

1979년 대한불교청소년교화연합회 부산지부 사무국장(6년 역임), 1988년 법무부산하 청소년교정위원(2년 역임), 1990년 부산차인연합회 초대 사무국장(4년 역임), 2008년 아산학회 학술위원 및 〈亞山會報〉 편집주간 등을 역임하였다. 2006년 '동서차문화연구소東西茶文化硏究所'를 개설하여 현재 차문화茶文化와 관련한 고문古文을 강독하고 있다.

반야심경 선해

초판 1쇄 발행 2017년 9월 5일

지은이 성일 종사
옮긴이 서재홍

펴낸이 오세룡
기획·편집 손수경 손미숙 박성화 이연희 최은영 김수정
디자인 장혜정 고혜정 김효선
홍보·마케팅 이주하

펴낸곳 담앤북스
　　　　서울특별시 종로구 사직로8길 34 (내수동) 경희궁의 아침 3단지 926호
　　　　대표전화 02)765-1251　　전송 02)764-1251　　전자우편 damnbooks@hanmail.net
　　　　출판등록 제300-2011-115호
ISBN 979-11-6201-009-9 (03220)

이 책은 저작권 법에 따라 보호받는 저작물이므로 무단전재와 복제를 금합니다.
이 책 내용의 전부 또는 일부를 이용하려면 반드시 저작권자와 담앤북스의 서면 동의를 받아야 합니다.
이 책에 실린 성일 종사의 사진은 저작권자 확인 불가로 부득이하게 허가를 받지 못하고 사용하였습니다.
추후 저작권이 확인되는 대로 적법한 절차를 밟겠습니다.

이 도서의 국립중앙도서관 출판예정도서목록(CIP)은 서지정보유통지원시스템 홈페이지(http://seoji.nl.go.kr)와
국가자료공동목록시스템(http://www.nl.go.kr/kolisnet)에서 이용하실 수 있습니다. (CIP제어번호: CIP2017022112)

정가 13,000원